Anorexie mon amour

Jackie Sinclair

Anorexie mon amour

Traduit de l'anglais par l'auteur
et Jean-Paul Godon

ÉDITIONS HEURES DE FRANCE
16, rue des Vignettes 78770 THOIRY
Tél. : 01.34.87.54.42 – Fax. : 01.34.87.49.39

 ISBN 2-85385-220-2.

To Yvonne, my Rose

Préface

Qui détient le savoir ? Celui qui a souffert ou celui qui a observé la souffrance ?

Quand le combat contre la douleur devient affrontement narcissique entre thérapeute et patient, que reste-t-il au patient si ce n'est d'instituer la mort arbitre et témoin ?

Hurler et ne pas être entendu, n'est-ce pas la voie royale, jalonnée de souvenirs, qui se replie sur elle-même pour nous ramener aux rages originaires ?

Revenu là, l'intolérable ne laisse plus qu'une alternative : se désincarner ou mourir.

La confrontation à l'anorexie implique la substitution de l'empathie à toute appétence pour le pouvoir. Sinon c'est l'effondrement narcissique... du thérapeute.

Ici, le contrat devient ligne Maginot, placebo pare-excitation destiné à rassurer une équipe soignante qui se donne l'illusion d'un pouvoir qui n'a jamais été et ne sera jamais dans son camp.

Le glissement d'une psychiatrie humaniste vers une psychiatrie numérique, pseudo-scientifique pourrait faire tristement sourire en cette fin de siècle, dont on parle tant.

Avec intelligence, sensibilité et pourquoi pas une pincée d'humour, Jackie Sinclair vous parle non sans laisser entrevoir en contrepoint un court passage de sensualité bucolique.

Elle vous parle parfois avec colère, parfois tendrement, mais toujours avec sincérité.

Écoutez-la ! Même si vous êtes de ceux qui sont « censés savoir ».

Ville d'Avray
Bernard CROIZÉ

Chapitre 1

Beaucoup plus tard, l'infirmière a dit qu'en me voyant pour la première fois elle avait pensé à de la porcelaine. Quand elle a fini par me le dire, je me fichais complètement de ce qu'elle pensait, elle ou n'importe qui. J'étais enfermée seule depuis déjà plusieurs mois. Mais tout au début, si j'avais pu lire dans ses pensées, j'aurais peut-être pu ressentir une émotion ressemblant à du plaisir. Peut-être pas. Je n'étais sans doute déjà plus en état de ressentir un quelconque plaisir.

Je me souviens du moment où j'ai passé les portes de la cage. « Le Service », ils l'appelaient. Jusque-là je l'avais seulement imaginé, ou plutôt j'avais essayé très fort de ne pas l'imaginer. J'avais eu une conversation avec le Dr Blanc, le psy qui m'avait fait incarcérer. J'avais attendu devant son bureau, dans le couloir peint en crème. A ma gauche il y avait les deux lourdes portes, chacune avec une vitre ronde. Les hublots du navire « Asile ». Ils étaient trop hauts pour qu'on puisse voir à l'intérieur. J'étais physiquement très affaiblie parce que dangereusement sous-alimentée. Il était tard. Le rendez-vous était à vingt et une heures. L'amie qui m'accompagnait avait eu beaucoup de mal à trouver l'endroit dans l'obscurité. Lorsque nous sommes finalement arrivées il n'y avait personne. Aucun signe de vie. Pas de secrétaire, pas de bureau, pas de salle d'attente. Juste le couloir à la peinture écaillée et quatre chaises de cuisine en chrome et Formica. Le bureau du Dr Blanc n'était pas indiqué. Nous attendions. Je regardais le couloir d'une propreté douteuse. Droit devant moi il y avait deux portes fermées. Je savais que nous avions réussi à trouver l'endroit convenu parce que au-dessus des portes à hublots, était écrit, en lettres rouges :

PAVILLON 47 – SERVICE A – DR LUCIEN BLANC.

C'est son monde à lui, le Pavillon 47, le service psychiatrique. La maison de fous, la poubelle. C'est là-dedans qu'on te jette quand t'es tarée. Si tu es psychotique ou en pleine dépression nerveuse ou si on vient de te repêcher d'une tentative de suicide (« T.S. » en V.O.) on te donnera des drogues et on te gardera là-dedans le temps nécessaire, jusqu'à ce qu'ils pensent que tu ne pourras plus faire de mal, ni à toi-même ni aux autres.

Si tu es anorexique, tu seras enfermée seule dans une cellule où les fenêtres à cadre d'acier ferment à clef. Ils ne te laisseront voir personne. Pas de visites, sauf peut-être ton mari (ou ton père selon ton âge), pas souvent et seulement si t'es sage. Pas de téléphone, pas de télé. Seulement un lit en fer, une table et une chaise. Trois fois par jour ils vont t'apporter une grande quantité de nourriture dégueulasse que tu ne peux pas avaler. Cette bouffe sera froide et couverte de graisse figée quand elle finira par t'arriver. Même si tu étais capable de manger, tu ne pourrais pas, elle est trop infecte. Elle est sale. Il paraît qu'un jour une fille, coupable d'anorexie comme moi, a trouvé une blatte dans le ragoût. Elle n'arrêtait pas d'avoir des haut-le-cœur. Juste au moment où elle faisait des efforts désespérés pour se forcer à manger. Jour après jour, une femme de service, une femme immense, pathologiquement obèse, débordante de graisse, apportera le plateau. Elle le mettra sur la table avec un « Bon appétit ». Ce n'est pas de la cruauté. « Bon appétit » est un réflexe français. Chez moi en Angleterre cette expression n'existe même pas. Ici par contre la nourriture, ou plutôt le plaisir de manger est considéré comme quelque chose d'essentiel. Ce n'est pas étonnant que l'on t'enferme à l'asile si tu refuses de manger. C'est comme si tu refusais de respirer. D'ailleurs, quand j'y pense, ils t'enferment pour ça aussi. Après tout, une T.S. c'est précisément ça. Tu refuses de respirer.

Le premier jour le plateau m'attendait déjà dans la chambre. Il y avait dessus un gros boudin noir lové sur un tas de purée froide. Comme un étron. L'infirmière, celle à qui je faisais penser à de la porcelaine, m'avait fait entrer. Je portais une robe noire. Elle flottait sur moi, comme tous mes vêtements, et je l'avais serrée à la taille. Mon tour de taille était impressionnant. On aurait dit que j'étais coupée en deux. Pas de seins, pas de hanches, pas de fesses. Autour de mes yeux des cernes violets. J'aimais mes cernes. Je trouvais qu'ils ressemblaient à des pétales de violettes. Quand j'observais ma pâleur dans la glace, j'aimais me comparer à de la porcelaine de Chine, fine et translucide, fragile comme une coquille d'œuf.

La maladie mentale m'a toujours fait peur. Ce soir de janvier, assise dans le couloir pas bien net, en attendant nerveusement le Dr Blanc, je sentais un regard qui semblait venir de ma droite. Derrière les doubles portes en verre à la sortie du couloir se tenait une jeune fille aux cheveux noirs, âgée d'une vingtaine d'années. Elle était mal habillée avec un tee-shirt informe et un pantalon de jogging bleu vif, une rayure blanche de chaque côté. Elle était laide. Ses cheveux gras pendaient sur des traits grossièrement dessinés. Elle avait le nez en patate et des lèvres épaisses. Dans l'expression de son visage il y avait une sorte de mollesse qu'on trouve souvent chez les gens enfermés en psychiatrie. Ce sont peut-être les drogues qui rendent les joues flasques, et font que les lèvres pendent, légèrement ouvertes et humides. Mais l'expression de ses yeux ne concordait pas du tout avec l'apathie apparente de son visage. Elle m'étudiait avec une haine intense et je devenais subitement consciente de mon propre état de faiblesse physique, de mon incapacité de me défendre.

Mes craintes s'avéreront justifiées plus tard, beaucoup plus tard. Mais pour l'instant il s'agissait seulement d'une intuition. Elle a commencé à hurler. Elle est restée plantée là, derrière la porte en verre, me fixant, et elle hurlait elle hurlait elle hurlait. Personne n'est venu. Personne n'a rien fait. Je restais là sur ma chaise, figée sur place, terrorisée. Ses cris prenaient du rythme et elle s'est transformée, elle est devenue rien qu'un hurlement qui ne finissait pas – elle remplissait tout l'espace, tout le couloir en long et en large, elle n'était qu'un cri immense et sans fin. Je restais là, livide. J'avais froid et j'étais malade, tellement j'avais peur. Je ne pouvais ni rester ni partir. J'étais là, paralysée, au bord de la poubelle, attendant qu'on me pousse dedans. Et je ne pouvais rien faire.

Quand, enfin, je me suis trouvée dans le bureau du Dr Blanc, la seule chose que j'ai pu dire c'est :

« Pourquoi personne ne fait rien ? » Il ne comprenait pas à quoi je faisais allusion. Quand je lui ai demandé pourquoi personne ne venait pour aider la fille, il a eu l'air d'en prendre conscience pour la première fois.

« Oh, ça ? C'est Ghislaine. Vous allez vous habituer. » Bruit de fond – négligeable – il ne l'entendait même pas.

M'habituer ? Qu'est-ce qu'ils allaient me faire ? Il a commencé à m'expliquer.

« Il y a un contrat », dit-il, « entre vous et moi. » Et il m'a énuméré les clauses :

1. Je serai enfermée seule dans une cellule.
2. Pas de vêtements. Seulement un pyjama.
3. Pas de visites.
4. Pas de téléphone. Pas de lettres. Pas de fleurs. Pas de télévision. Aucun contact avec le monde extérieur.
5. Je serai pesée deux fois par semaine.
6. Je mangerai.
7. Je serai libérée dès que je pèserai quarante-six kilos.

« Et pas », souligna-t-il avec un plaisir évident, « quarante-cinq kilos huit cent. Vous pèserez quarante-six kilos et vous maintiendrez ce poids. Je vous pèserai régulièrement moi-même après votre sortie et si jamais votre poids passe en dessous, même s'il s'agit de deux cents grammes – je vous enfermerai à nouveau ». En contrepartie, il a promis de venir me voir tous les jours, il allait « m'aider ».

« M'aider. » Personne au monde ne pouvait m'aider. Ça, sans doute que je m'en rendais compte. Sinon, pourquoi les aurai-je laissés faire ? Parce que je les ai laissés faire. Et ils l'ont fait.

Chapitre 2

Ce qu'il y avait de plus laid, c'était la fenêtre. Du verre incassable avec des cadres en acier non peints. Je grelottais. Ma mâchoire me faisait mal à force de serrer les dents. Quelque part, loin dans ma tête, je me rendais compte, comme dans un film au ralenti, que je devais commencer par fermer la fenêtre. Ça m'a pris du temps de décoder ce message et de le transformer en mouvement. Je ne sais pas si c'était dû à la peur ou si c'était parce que j'étais sous-alimentée. Probablement les deux.

J'ai essayé de faire glisser la fenêtre pour la fermer. J'ai vu que la glissière était couverte d'une couche épaisse de poussière de métal. Il s'en dégageait une odeur de saleté et de décomposition tellement inorganique et inhumaine, que ça me faisait peur. C'était évident que personne ne venait ici faire le ménage. Combien de fois avait-on ouvert et fermé cette fenêtre, en la glissant sur ses dix misérables centimètres de course réglementaires, pour que cette quantité impressionnante de poussière de métal se soit accumulée ? Je n'enregistrais tout ça qu'à moitié parce que j'étais trop occupée à concentrer toute ma force et ma volonté à essayer de la fermer. Elle bougeait à peine de quelques millimètres dans les deux sens. Elle était coincée en position ouverte. Bien sûr. S'ils la fermaient à clef, ils allaient la bloquer ouverte aussi. Si l'on pouvait qualifier de fenêtre ouverte une ouverture si étroite.

Mon estomac s'est retourné quand j'ai compris que dorénavant, même pour ouvrir ou fermer la fenêtre, j'allais être obligée de demander la permission à une infirmière.

J'ai cherché la sonnette. Il n'y en avait pas. Peut-être dans le cabinet de toilette ? Oui. Il y a longtemps, à la construction du bâtiment il y avait eu une sonnette là. Maintenant il ne restait plus qu'un trou béant dans le plâtre avec des fils oranges, bleus et verts, aux extrémités en cuivre dénudées.

Je suis retournée dans la cellule. Il y avait un lit en métal, une couverture couleur vert prison et des draps blancs avec une bande imprimée en majuscules rouges « C.H. St-CLÉMENT » au cas où j'oublierais où je me trouve. La barre chromée au pied du lit portait des cicatrices d'une violence extrême. Manifestement quelqu'un lui avait donné une raclée terrible pour laisser des marques pareilles dans le métal. J'essayais de m'asseoir sur la chaise. Ça faisait mal. J'avais oublié à quel point j'étais maigre. Je ne pouvais plus m'asseoir sans avoir mal aux os.

Tout à coup j'ai été tirée de mon état de somnambule. Je me suis levée en me serrant dans mes propres bras pour me réconforter. Quelque part au bout du couloir, probablement enfermé dans une cellule comme la mienne, un homme s'était mis à hurler de détresse. Il devait être grand et fort pour faire un tel bruit. Jusque-là je n'avais jamais entendu un homme hurler. J'ai tressailli de douleur au plus profond de moi-même. Combien de temps cela allait-il durer ? Il n'y avait pas de fin, c'était hors du temps. Il sanglotait, il criait, il appelait et il cognait les murs – des bruits, des sons, pas de mots. A chaque coup qu'il donnait je sentais mon visage et mon cerveau se convulser, comme si on me battait avec des sons. Et ça continuait... comment trouvait-il la force ? Il n'y avait ni début ni fin – ses cris cognaient les murs et battaient autour de mon corps comme des chauves-souris gigantesques. Je me suis réfugiée sur le lit, recroquevillée en position de fœtus.

« Essaie », je me disais, « essaie de croire que c'est un bébé.

Un bébé qui crie, qui hurle. Il veut sa maman, sa maman, ce n'est qu'un bébé, il veut sa maman, c'est pas grave, c'est un bébé, c'est pas un homme, un homme grand et fort qui hurle sa douleur et sa peur, tout seul dans une cellule – c'est un bébé, s'il te plaît mon Dieu, s'il te plaît, c'est un bébé, c'est pas un homme, c'est pas un homme, ce n'est pas vrai. Mon Dieu, mon Dieu fais que ce soit un bébé et je le bercerai, je le bercerai, je le bercerai, je le calmerai... »

Je me berçais moi-même dans un état de demi-conscience et la nuit entrait et remplissait la pièce. J'étais rigide de peur, j'avais froid, et la fenêtre restait toujours ouverte. Une infirmière est entrée. Depuis combien de temps étais-je là ? Une heure, six heures ? J'essayais de m'asseoir. Il ne faut pas qu'elle me voie comme ça, il ne faut pas avoir l'air taré. Elle me regardait d'en haut.

« J'ai pensé que ça vous aiderait peut-être de savoir que ce n'est pas toujours comme ça, ici. La personne que vous entendez est vraiment particulièrement perturbée et nous n'arrivons pas à la calmer. Mais ne vous inquiétez pas, il sera bientôt calmé et demain il sera transféré dans un autre service. »

Elle a attendu pendant que je me déshabillais et me mettais en pyjama. Je n'avais pas le droit de porter mes vêtements. Histoire de me faire comprendre que j'étais malade. Aussi malade que tous les autres enfermés ici. Je me demandais dans combien de temps j'allais pouvoir porter mes vêtements à nouveau. Peut-être plus jamais. Elle m'a donné des somnifères pour la nuit et elle est partie. Le plastique recouvrant le matelas me faisait mal aux os et je cherchais la position la moins douloureuse possible pour traverser la nuit en attendant le néant des drogues.

Chapitre 3

« J'écrivais pour ne pas devenir folle. » C'est un bon titre. J'aurais bien aimé l'utiliser, mais malheureusement ce n'était pas vrai. Je n'avais pas du tout peur de devenir folle. Je me considérais comme parfaitement saine d'esprit.

« Vous devez comprendre, vous êtes malade, mentalement et physiquement », insistait-il. Merci Dr Blanc. Donc, pyjama. Très subtil comme manœuvre psychologique, ça.

Au début c'était moi qui le rendais fou, parce que je refusais d'admettre que j'étais malade. Après tout, l'état effroyable de mon pauvre corps était entièrement dû à ma propre volonté. Je m'infligeais tout ça à moi-même. A mon avis, la maladie était quelque chose qui te tombait dessus, malgré toi. On ne contrôle rien. Tandis que la transformation de mon corps en squelette, je la contrôlais complètement et entièrement. C'était ça tout l'intérêt. Et si tu crois que ça démontrait un degré certain de maladie mentale, je n'étais pas de cet avis. J'avais mes raisons. Je savais que je n'étais ni démente ni psychotique. Malheureuse, désespérée, oui. Folle, non. J'aurais d'ailleurs bien aimé être folle. Ç'aurait été une échappatoire parfaite. Justement, c'était ça tout le problème, je n'arrivais pas à m'échapper de moi-même. Au début j'ai écrit ceci :

Je ne suis pas folle. Seulement atrocement malheureuse. Est-ce qu'il faut enfermer tous les gens malheureux dans les hôpitaux psychiatriques ? Et ne me raconte pas des trucs du genre, « c'est pour ton bien » – pour ton mal est plus proche de la vérité. Ça devient de pire en pire. Je ferais bien de m'échapper d'ici. Qu'est-ce que c'est que ce système ? Si j'étais en Amérique, sans doute que quelqu'un m'aiderait. Ou même en France dans dix ans – mais ici, maintenant, je pense qu'il n'y a aucun espoir. Je ferais mieux de m'échapper, et vite. C'est complètement dingue comme situation, et ça ne me plaît pas du tout.

Quand je lis ça aujourd'hui, je suis étonnée de voir qu'il me restait encore un peu d'esprit de révolte. Ça n'a pas duré. Enfermée seule, jour après jour, je glissais graduellement dans un monde de rêves et de fantasmes. Je devenais nébuleuse, perdant les derniers vestiges de ma propre identité. Je ne mangeais presque plus. Je voulais être un squelette. Un squelette très beau. Je ne pourrais pas l'expliquer autrement. Je ne comprenais rien moi-même. J'étais comme Alice au pays des merveilles.

Mercredi 22 février

Tout ceci est très étrange. Alice au pays des merveilles. Ce matin Alice se sent faible. Ses bras lui font mal quand elle écrit, comme si ses muscles étaient en train de disparaître, ils perdent leurs forces, ils tremblent. Hier elle a dormi toute la journée et elle a encore dormi la nuit. Constamment obsédée par l'idée de maigrir. Elle espère qu'elle pèse toujours trente-neuf kilos – elle aimerait peser trente-huit. Elle est tarée. Elle n'est pas Alice du tout. Elle est le Chat du Cheshire. Bientôt elle disparaîtra complètement, laissant derrière elle rien que son sourire.

Quelques jours auparavant j'avais essayé de décrire mon idéal :

Maintenant je ne peux penser à rien d'autre qu'à devenir de plus en plus maigre. Je ne sais pas du tout pourquoi. C'est vrai que c'est presque insupportablement laid.

La dernière phrase était rare dans sa lucidité. Mon corps était horrible à voir et il allait devenir pire encore. Pour me réconforter, je me faisais une image idéale. Je me la décrivais par écrit, la répétant sans cesse. La mort en tant qu'œuvre d'art. Ma mort à moi n'allait pas être sale, animale, organique, puante, non. J'écrivais :

Je voudrais être d'une pâleur mortelle, complètement blanche, blanche comme une geisha. Avec des cernes violets, comme du maquillage. Et mon corps – squelettique, horrible, effrayant. Terriblement pâle, la peau blanche qui contraste avec les vêtements noirs flottant sur ce support si frêle, si fragile. Mon corps, comme de la porcelaine précieuse. Terriblement fragile, prête à casser. Mes yeux, chaque jour un peu plus grands, comme des pensées dans la neige.

Je m'écrivais même des histoires.

Mercredi 8 mars

Il était une fois une poupée, une poupée en porcelaine avec des vrais cheveux et une petite bouche et des yeux qui s'ouvraient et se fermaient. Elle était si jolie que le propriétaire du magasin de jouets l'avait placée en plein milieu de la vitrine. Elle aimait bien être là. Elle regardait la rue et observait les allées et venues des passants. Un jour le magasin a fermé. Pour toujours. Tristement, le propriétaire a enveloppé la poupée dans du papier de soie et l'a placée dans une boîte en carton. Il a fermé soigneusement le couvercle et a mis la boîte au fond d'un placard, dans le noir. Les années ont passé. Longtemps après quelqu'un a acheté le magasin. Le nouveau propriétaire a tourné la clef dans la serrure et est entré dans la pièce. Le grand placard en bois s'est ouvert facilement. Il a sorti la boîte. Doucement il a enlevé le couvercle et a touché le papier de soie. Là, dans la boîte, sous les couches de papier, il y avait un minuscule squelette, délicat, blanc et parfait. Fait de porcelaine de Chine. Les orbites vides le fixaient, noires dans la blancheur du crâne. Chaque petite phalange bien à sa place, une parfaite petite main de poupée. Un squelette, fragile comme une coquille d'œuf, blotti entre les plis de papier blanc.

« Pourquoi ? » disait Lucien Blanc, « pourquoi voulez-vous être un squelette ? »

« Oui ? » je me demandais, « pourquoi ? Est-ce que je veux vraiment en être un ? » Probablement pas un vrai squelette. Ou bien, si je dois être un véritable squelette il faut au moins qu'il soit bien net et blanchi par le soleil. Sans odeur, quand même. Je n'aimerais pas du tout être à moitié décomposée, avec des lambeaux de chair par-ci et peut-être un œil qui pend hors de son orbite par-là.

Peut-être un squelette vivant. Chaque os clairement visible à travers la peau si fine, tendue sur les os de mes poignets, de mes chevilles, et tombant en plis effrayants aux aisselles et aux coudes. Drapée par-ci et tendue par-là. Mal coupée. Les genoux un peu plus saillants chaque jour et les cuisses qui disparaissent pour révéler les os. Et les yeux de plus en plus grands et noirs tandis que les orbites virent au violet foncé. Un squelette qui bouge, qui parle, drapé de noir. A peine vivant, mais pas encore mort. Effrayant, pâle et prêt à s'effriter. Il exprime précisément et exactement ce qui se passe à l'intérieur de son crâne. Le reflet de son âme, ce squelette, bougeant de plus en plus lentement, s'épuisant graduellement avec une grâce macabre, inspirant l'horreur quand il passe lentement, ses habits noirs flottant doucement derrière lui.

Pauvre Lucien Blanc. Comment pourrait-il faire comprendre quoi que ce soit à une femme qui avait de telles images comme idéal féminin ? Ma personnalité commençait à disparaître. Jusque-là, c'était moi qui affamais mon corps. Maintenant le Dr Blanc faisait mourir de faim mon esprit en me laissant totalement seule, semaine après semaine. J'essayais de décrire ce qui m'arrivait :

Je ne peux ni dormir ni rester éveillée,
Être debout ni allongée, ni manger ni mourir de faim.
Suspendue dans le vide dans une grisaille morne,
Faible et fatiguée,

Incapable de penser, de laisser courir mon esprit.
Figée.
Je ne peux pas bouger.
Mes yeux ne sont ni ouverts ni fermés,
Écarquillés simplement sans ciller, sans rien fixer.
Je ne peux ni vivre, ni mourir.
Rien à penser.
Rien à entendre.
Rien à voir.
Je suis une trace sur la vitre quand le soleil passe,
Si tu souffles dessus, je fonds.
Hypnotisée par le vide, seule dans le néant,
Pas de bruit, seulement le battement de mon cœur,
Le sang qui pulse dans mon cerveau,
Le long de ses murs épais, dans une ronde
Interminable.
Vide, je suis seule dans ma tête, recroquevillée par terre comme une feuille,
Dans la toute petite place qui me reste,
Les lourdes portes grises
Toutes fermées.

M'enfermer en prison me paraissait une bien étrange façon de m'aider. Lucien Blanc m'avait dit que ses méthodes à lui étaient les seules efficaces. Il était si sûr de lui. Il allait gagner cette partie à n'importe quel prix.

Chapitre 4

Comment les rapports de forces se sont-ils installés ? Était-ce inévitable ? Est-ce que toute l'histoire se résumait à :

« Vous allez manger. »
« Je ne mangerai pas. »
« C'est ce qu'on va voir. »

Est-ce que Lucien Blanc le savait depuis le début ? Moi, certainement pas. La première fois que je l'ai rencontré je ne me rendais pas du tout compte que je m'embarquais dans ce genre de situation. J'avais une espèce d'espoir naïf qu'il pourrait peut-être m'aider. M'enfermer toute seule me paraissait tout de même très bizarre, mais après tout, il était censé savoir ce qu'il faisait. Je lui ai même posé la question.

« Vous êtes sûr que vous savez ce que vous faites ? Je veux dire, l'anorexie, c'est votre truc, n'est-ce pas ? » Il a levé les yeux et m'a regardée avec étonnement.

« Question stupide », me suis-je dit. C'était évident que personne auparavant n'avait jamais formulé la question de cette façon. « Mais pourquoi pas ? » pensais-je. « Je dois savoir à quoi je m'engage. » « Famous last words » – c'est une expression anglaise, ce que l'on dit juste avant que le ciel ne vous tombe sur la tête. C'était bien ça.

Mais au tout début rien ne me permettait de soupçonner

que nos deux volontés allaient s'affronter de cette façon. J'imaginais qu'il allait être mon allié et mon ami. Qu'il allait me soutenir, qu'il était intelligent, drôle même. Avec le recul, j'aurais dû me rendre compte. Il y avait des indices. Comme le second soir, tard.

Il est entré et s'est mis à califourchon sur la chaise qu'il a tirée près du lit. Je me suis redressée et j'ai essayé de prendre l'attitude d'une personne adulte et normale. Ce n'était pas aussi facile que ça, étant donné que j'étais à la fois épuisée et effrayée. Ce n'est pas évident non plus de paraître adulte et maître de toi si tu portes un pyjama à rayures roses et blanches et si tu veux faire croire que le singe en peluche avec une banane dans la patte qui se trouve sur ton lit est là par pur hasard, et que ça n'a absolument rien à voir avec toi, ni avec ton sentiment profond de ne pas être du tout à la hauteur.

Lucien faisait cliqueter ses clefs. Je n'avais pas compris à quel point ça pourrait m'accabler. Le bruit de la clef dans la serrure quand tu attends, enfermée. Quand il entrait c'était déjà très dur, mais quand il partait c'était insoutenable.

« S'il vous plaît », ai-je dit en ravalant mes larmes, « si je vous promets de ne jamais sortir de cette pièce, est-ce que vous voudrez bien ne pas fermer la porte à clef ? » C'était évident qu'il n'était pas du tout d'accord, mais il ne répondait jamais tout de suite à une demande, ni dans un sens ni dans l'autre. Il réfléchissait d'abord. Je me sentais suffoquer de panique. Je le regardais dans les yeux.

« Je ne veux pas être enfermée à clef. » C'était l'argument le plus clair et le plus convaincant que j'aie pu trouver. J'arrivais à peine à parler, je ne pouvais pas faire mieux.

Là, j'aurais dû comprendre. Rien que ses yeux : ils en avaient montré d'abord de la surprise, puis un plaisir évident. C'était exactement ce qu'il attendait. J'avais entamé la première bataille. Ma volonté contre la sienne. Cartes sur table, dès le début. Avec délectation il énonçait les règles du jeu, pour que je comprenne bien. Pour lui ma rébellion commençait tôt... Il considérait que l'opposition était adéquate, c'était le moins qu'on pouvait dire. Il a souri.

« Qu'est-ce que vous avez dit ? Vous ne voulez pas être enfermée ? Si vous commencez comme ça, comment tout ça va finir ? » « Oui, comment ? » j'aurais dû me le demander. Mais je ne comprenais rien, ni son plaisir, ni sa fermeté excessive. J'étais perplexe. Je n'avais pas la moindre idée de ce que j'avais pu dire pour provoquer ça. Ça a dû se voir.

« Vous ne pouvez pas dire – je veux – » il continuait, « et puis quoi encore ? Vous ne pouvez pas refuser, ni vouloir. Vous voudriez, vous aimeriez », m'avait-il dit doucement, gentiment même. Et pour me montrer qu'il était bien intentionné à mon égard, qu'il ne songeait même pas à la possibilité d'un rapport de forces entre nous, il a ajouté qu'il allait réfléchir.

Chapitre 5

J'avais essayé de manger. J'avais fini par comprendre que c'était la seule porte de sortie. Mais il était trop tard, mon corps émacié était trop faible pour pouvoir absorber une nourriture normale. Sur le plateau, ce soir-là, il y avait de la ratatouille. Je l'ai mangée, toute, comme un robot, comme une machine. C'était dégueulasse et douloureux. Il n'y a eu ni plaisir ni soulagement.

La même nuit je me suis trouvée aux toilettes avec des crampes violentes, tout mon corps contracté de douleur. Le temps passait et très vite je n'ai plus eu la force de rester assise. J'ai appuyé ma tête contre le mur, des gouttes de sueur froide sur ma lèvre supérieure. Je devenais de plus en plus faible et je craignais de ne plus pouvoir atteindre le lit. Les intervalles entre les crises devenaient chaque fois plus brefs. Je n'avais plus la force de faire des allers et retours. J'ai dû tomber endormie sur le lit l'espace d'une minute. Je me suis réveillée, à mon horreur totale, dans ma propre saleté. Pour moi, c'était la fin. J'étais arrivée au bout. Voilà ce qui restait de mon beau squelette. Ça allait finir comme ça. Dans la saleté et la puanteur. Avec un effort de volonté j'ai pu me laisser tomber du lit, les pieds d'abord. Une fois par terre j'ai réussi à tirer les draps sales hors du lit. Pleurant de honte, j'ai enlevé avec difficulté mon pyjama et, toujours en larmes, tremblante, j'ai fait de mon mieux pour laver mon corps. J'ai essayé de nettoyer mon pyjama et j'ai dû le remettre, trempé et dégoûtant. Bien sûr, il n'y avait pas de sonnette pour appeler l'infirmière, mais Dieu merci la porte n'était pas fermée à clef. En m'appuyant contre le mur j'ai réussi à atteindre le couloir. Tout au bout il y avait de la lumière. J'ai prié pour que ça soit la salle des infirmières. Je n'avais pas la force d'appeler au secours, et encore moins celle de marcher. J'ai commencé à ramper. Le couloir était long. Je ne pleurais même plus. Je ne comprends encore pas pourquoi je n'ai pas simplement renoncé à lutter, pourquoi je ne me suis pas laissée tomber là par terre, en tas froid et humide, pour toujours.

J'avais honte, tellement honte. Je ne voulais pas que l'on me trouve comme ça. Depuis le tout début de cet enfer, même aux pires moments, j'avais toujours trouvé la force de me laver le corps et les cheveux, comme je pouvais, dans le lavabo. Je me parfumais toujours et je demandais, en faisant semblant de plaisanter, que l'on me mette du rouge à lèvres quand je serais dans mon cercueil. J'avançais dans le couloir, dans ma crasse nauséabonde, incapable d'appeler à l'aide.

J'aimais bien l'infirmière qui était de garde. Elle était jeune et assez petite, à peu près de la même taille que moi. Ça m'a donc étonnée qu'elle ait pu me soulever si facilement. Elle me tenait dans les bras, devant elle, comme un bébé, et elle m'a portée sans effort jusqu'à ma cellule. Je ne me rappelle pas ce qu'elle m'a dit, mais elle me parlait tout en changeant le lit et en enlevant le linge sale. Elle m'a lavée avec de l'eau chaude et m'a apporté plusieurs pyjamas bleu foncé et rêches, appartenant à l'hôpital, pour le cas où j'aurais eu besoin de me changer à nouveau. Ils étaient de taille unique, des pyjamas pour homme. Je devais avoir l'air ridicule quand elle m'a posée sur le lit. Heureusement pour moi, la diarrhée s'est arrêtée, parce qu'elle n'avait pas le droit de me donner de médicament sans la permission écrite du Dr Blanc. Je suis tombée endormie, ou bien j'ai perdu connaissance, je ne sais pas.

Lucien était furieux. L'infirmière avait fait faire une analyse au labo, et on n'avait pas trouvé de microbe à incriminer. D'après lui, j'étais la seule responsable. Il n'est pas venu me voir tout de suite le lendemain matin. Il m'a laissée seule toute la matinée et tout l'après-midi sans médicament pour soulager les crampes et les nausées.

« Vous auriez pu mourir », a-t-il dit, planté debout au pied de mon lit, les bras croisés sur la poitrine. Ses yeux avaient viré au noir comme ceux d'un chat en colère, que l'on imagine fouettant l'air de sa queue.

« Vous ne pouvez pas manger comme ça, dans votre état. Je ne plaisante pas, vous auriez très bien pu mourir. » Je me contentais de le regarder. « Vous auriez pu me le dire », pensais-je, « ou me donner une nourriture que mon corps soit capable d'absorber. Pourquoi m'apporter ce foutu plateau tous les jours si c'est comme ça ? » Mais je n'ai rien dit. J'étais trop contente d'avoir gagné. Il était vraiment très en colère. Et puis il venait de me peser. A moitié effrayée et à moitié ravie je regardais le 35 en chiffres verts qui brillait à mes pieds.

« Trente-cinq kilos. Est-ce que je peux descendre à trente-quatre pour la semaine prochaine ? »

Chapitre 6

Lucien Blanc a très vite cessé d'essayer de me parler. Bien sûr, ni lui ni moi ne pensions qu'il y avait la moindre chance qu'il puisse me persuader de manger, mais au début je croyais vraiment qu'il allait m'aider. Je ne sais pas trop ce que j'attendais de lui. J'imaginais d'abord une séance de psychothérapie très intense tous les jours. J'ai vite perdu cette illusion-là. J'aurais été soulagée s'il avait bien voulu tout simplement me parler, afin de m'aider à voir comment je pourrais m'en sortir. Au début il l'a fait, mais il a très vite arrêté.

Toute la journée je vivais dans un état de tension extrême. Je ne pouvais rien faire qu'attendre qu'il vienne. Attendre – attendre – attendre, même si je savais qu'il n'allait rester que cinq minutes à peine. A intervalles réguliers je me regardais anxieusement dans la glace – est-ce que j'existais toujours ? Très vite je suis devenue complètement dépendante. Je ne pouvais jamais me détendre. Je tendais l'oreille. Je ne quittais pas la poignée de la porte des yeux, attendant de la voir tourner. Comme stipulé dans le contrat, au début il venait tous les jours. Parfois il entrait à neuf heures du soir quand j'avais abandonné tout espoir. Je lui parlais de mon squelette parfait et je lui montrais mes poèmes. Au début il m'écoutait. Il prenait mes mesures, dans tous les sens du terme.

Ce qui me plaisait chez Lucien Blanc, c'était son côté enfant. D'abord il était l'homme le plus petit que j'aie jamais vu. Au moins quatre centimètres de moins que moi. Ce qui faisait que dans nos bagarres je ne me sentais pas accablée d'avance par la force de l'opposition. Je me trompais sûrement, mais s'il avait mesuré un mètre quatre-vingt-dix, s'il avait eu une personnalité intimidante, peut-être n'aurais-je pas accepté ce qu'il m'imposait. Je serais partie en courant. Mais je n'avais absolument pas peur de lui. Je ne me sentais jamais menacée. Même à ses pires moments.

Il savait être parfaitement odieux. C'était impressionnant. Bien sûr, c'était une lutte à mort. Ma mort. Un jour j'étais allongée sur le lit, dans un état très affaibli. Il est entré. Il m'a regardée avec intensité, les bras croisés. Ça, chez lui, c'était toujours mauvais signe :

« Si vous voulez mourir, je vais vous montrer ce que ça veut dire. Si vous continuez à perdre du poids, je vais fermer les volets à clef et j'enlèverai l'ampoule électrique. Et si vous voulez vraiment savoir l'effet que ça fait, je vous mettrai un cierge au pied du lit, comme pour un cercueil. » Je le regardais. Je ne savais pas s'il plaisantait ou non. Probablement pas. J'ai décidé de lui accorder quand même le bénéfice du doute, tout en pensant par-devers moi que si j'étais morte j'aurais du mal à voir un cierge. Il m'a menacée de passer à l'acte plusieurs fois par la suite jusqu'à ce que je lui dise que s'il le faisait je resterais là sur le lit, dans le noir, et je me laisserais mourir. D'une certaine façon, c'était ce que je voulais. Il m'a crue. Il n'a plus jamais parlé de ça.

Il a vraiment tout essayé. Un soir, alors que j'allais très mal et personne ne savait trop si j'allais survivre d'une journée à l'autre, il a trouvé une nouvelle stratégie. Il m'a regardée avec froideur tandis que je grelottais sur le lit. Il a sorti une clef de sa poche.

« Ceci », a-t-il dit « est la clef de votre cabinet de toilette. A partir de maintenant la porte sera fermée et vous aurez un seau hygiénique à la place. Elle sera ouverte quand vous aurez pris du poids ». Il a annoncé le nombre de kilos qu'il trouvait approprié. Je ne me rappelle plus combien – de toute façon un kilo ou cinq, c'était pareil pour moi, c'était impensable. Pour en arriver là il devait être passablement désespéré. Il m'avait déjà privé de tout ce qu'il avait pu, y compris des rares visites de mon mari. Mais là ce n'était pas du tout pareil. Une rage rouge et brûlante a surgi du plus profond de moi-même. Je me suis levée et je l'ai affronté, les yeux dans les yeux :

« Ah ça, non ! » Là, je fonctionnais sur pilote automatique avec un soudain jaillissement d'énergie. « Ça y est ! Je m'en vais ! » Et à mon propre étonnement j'ai passé la porte et je suis sortie de la pièce. J'ai descendu le couloir pratiquement au pas cadencé, sanglotant de panique et d'indignation. Je cherchais désespérément quoi faire. Dehors il faisait froid et il pleuvait. C'était le soir et je portais le pyjama à rayures roses et blanches. En plus, j'étais sans argent. Je me suis ruée sur la première porte que j'ai rencontrée. Je ne connaissais pas les lieux étant donné que j'avais depuis toujours été enfermée dans ma cellule. C'était le bureau de la surveillante. Maintenant j'étais suivie de très près, non seulement par Lucien Blanc, mais aussi par toutes les infirmières du service qui se demandaient ce qui se passait. Distraitement, j'entendais des exclamations, venant de très loin,

« Mme Sinclair ! » et « Qu'est-ce que vous faites ? » et « Pourquoi elle n'est pas enfermée ? » Surtout les « Mme Sinclair ! Mais Mme Sinclair ! » Toute la maison de fous était devenue complètement cinglée. Des patientes venaient se joindre à la foule par curiosité. Comme c'était excitant ! J'ai empoigné le téléphone avec l'intention d'appeler une amie qui habitait à une heure de voiture de là. J'allais lui dire de venir me chercher immédiatement, sinon j'allais faire tout le trajet à pied et en pyjama. Merde ! Le foutu téléphone à la con ne marchait pas. Quelques secondes et j'ai compris qu'il n'était pas connecté. J'ai raccroché avec violence, je me suis retournée et j'ai traversé rageusement la foule. Avec

Lucien Blanc sur mes talons j'ai tourné à gauche et j'ai fini par trouver un autre téléphone. Tremblant de colère, j'ai fait le numéro de la maison – c'était le seul dont je me souvenais. Pendant que ça sonnait Lucien se tenait si près de moi que je l'entendais respirer. Mais je dois admettre en sa faveur qu'il n'a pas essayé de m'arracher l'appareil. Quoique je l'aurais probablement tué avec. A mon désarroi total, j'entendais ma propre voix sur le répondeur m'informer que je ne pouvais pas répondre au téléphone pour l'instant et que je pouvais laisser un message après le bip sonore.

« Si tu ne viens pas me sortir d'ici maintenant, ce soir, tout de suite je partirai toute seule, à pied s'il le faut ! » J'ai raccroché rageusement. « Je leur donne une heure », ai-je lancé à Lucien, et je suis retournée dans ma cellule avec ce que j'espérais être une dignité impressionnante. Et là, j'ai attendu en laissant la porte grande ouverte.

En bien moins d'une heure mon mari a appelé et on lui a raconté toute la malheureuse histoire. Il paraît qu'il a vivement recommandé à Lucien d'oublier toute idée de fermer les toilettes à clef. A son avis c'était totalement impossible que j'accepte une chose pareille.

« N'oubliez pas », a-t-il dit, « elle est anglaise ». Allez savoir ce que ça veut dire.

Quand je contrariais ses plans, Lucien me punissait en ne venant plus me voir. Il savait parfaitement que ça me plongeait dans une désolation totale. Au fur et à mesure que les semaines se déroulaient je devenais de plus en plus affreusement dépendante. Même en temps normal il m'infligeait une souffrance extrême en entrant à peine dans la cellule, juste le temps de me dire qu'il ne pouvait pas rester mais demain c'était promis, il allait venir à six heures trente ou seize heures. Il donnait toujours une heure précise et je m'accrochais à ça désespérément. Et la plupart du temps il ne venait pas. Cela me réduisait à l'état de tout petit bébé abandonné dans un désespoir absolu. Quand il était vraiment en colère il ne venait tout simplement pas. Quatre jours de punition, c'était très dur. C'est ce que j'ai eu pour la bataille des chiottes. J'essayais tout au long de ces quatre jours de me réconforter en me répétant constamment que c'était moi qui avais gagné.

En le rencontrant pour la première fois on ne pouvait pas le croire capable de faire des choses pareilles. En dehors du fait qu'il était si petit, il parlait toujours très doucement. Il fallait faire un effort pour l'entendre. Il aimait bien plaisanter et il souriait beaucoup. Même quand, furieuse, je lui avais dit qu'il pratiquait la médecine vétérinaire. Il avait la peau mate et des cheveux châtain foncé qu'il laissait pousser trop longs jusqu'à ce qu'ils bouclent autour des oreilles, pour ensuite les couper trop courts, probablement pour éviter de perdre un temps précieux en visites chez le coiffeur. Il avait une moustache épaisse qui servait peut-être à camoufler les dents du haut, un peu trop en avant. Peut-être pas. Il ne gaspillait certainement pas son temps à penser à son apparence. Sa garde robe était simplifiée à l'extrême. Il était surmené, pas du genre à passer du temps le matin à choisir ses vêtements. Il était toujours habillé de la même façon avec soit une chemise à rayures bleues et blanches sans cravate et un pull bleu marine décolleté en V, soit exactement la même chose en vert foncé. Avec ça un pantalon en velours côtelé (l'hiver) ou en coton (l'été). Le tout complété à ravir par des souliers bruns à lacets, tellement petits que j'imaginais qu'il les avait achetés au rayon enfant.

Lucien Blanc avait un côté enfant très prononcé. Quand il parlait il avait une habitude que je trouvais extraordinairement attachante. Il tirait distraitement sur le bout de sa manche bleue marine (ou verte) qu'il enfonçait, roulée en boule, dans le creux de sa main, pour ensuite faire pareil avec l'autre. Pendant tout ce temps, il continuait à parler, le médecin sans mains, imperturbable. Il ne semblait pas non plus complexé par sa taille. Parfois il était accompagné par un jeune médecin, une espèce de géant alsacien plutôt rose. Il mesurait au moins un mètre quatre-vingt-quinze, mais Lucien, même amputé des deux mains et se trouvant obligé de lever la tête comme un enfant pour lui parler, n'a jamais eu l'air ridicule.

Chapitre 7

Il fallait que je me comprenne moi-même. J'ai tenté de tout écrire.

Maigrir maigrir maigrir, pourquoi ça aide ? Chaque fois que quelqu'un me blesse, instinctivement je me réconforte en me répétant, « Ce n'est pas grave, tu peux maigrir, ça va aller, tu peux perdre du poids encore et encore. »

Mon âme, mon corps, mon essence même
N'est qu'une immense plaie cuisante,
Des cloques qui suintent,
Écorchée, rouge, à vif,
Toutes les terminaisons nerveuses exposées.
Pour me réconforter, pour bercer mon pauvre moi blessé et meurtri,
Mon moi atrocement exposé et vulnérable
Doit devenir nébuleux, intouchable.
Espacer les atomes pour que les baïonnettes passent à travers
Rien de tangible,
Disparaître,
Invisible.
Ne me regarde pas, je pourrais casser.
Maigre, maigre, maigre jusqu'à ce que la mort nous sépare,
Moi et mon corps.
De plus en plus profondément

Anorexie mon amour

Je me cache au fond de moi,
Plus maigre plus maigre plus maigre.

Ne me touche pas, s'il te plaît.
Avec tes mains n'effleure pas ma peau,
Mes os.
Ne me touche pas, s'il te plaît.
Tu peux, s'il le faut, passer tes doigts dans mes cheveux.
Doucement, avec un soin infini.
Si tu peux faire cela sans me faire mal, sans me faire peur
Ensuite peut-être, mais seulement peut-être,
Tu pourras effleurer à peine mes paupières closes avec tes lèvres.
Mais s'il te plaît non, je t'en supplie non, n'entre pas en moi,
Ne me manipule pas, ne me manie pas, je dois disparaître.
Caresse-moi avec les yeux, entièrement dénués de désir,
Tendresse.
Caresse-moi avec délicatesse et lentement
Avec des mots choisis,
Si bien choisis, jamais d'erreur, jamais d'à-coups, sans fausse note.
Chaque adjectif parfait
Chaque verbe exact
Chaque adverbe exquis,
Pour me chauffer, me réconforter,
Berce-moi doucement avec tes mots d'amour.
Ne me touche pas,
Ça casse.

Chapitre 8

C'était un dimanche après-midi. Le seul moment où j'arrivais à relâcher un peu la tension permanente. Même droguée, j'étais constamment tendue, les yeux rivés sur la porte, toujours en train d'attendre. Mais le dimanche ce n'était pas pareil. Même Lucien Blanc ne travaillait pas le dimanche. C'était triste parce que je pouvais voir les voitures arriver dans le parking sous ma fenêtre, et les visiteurs qui descendaient avec des fleurs, des bonbons et des cigarettes dans les sacs en plastique. Pour les autres, pas pour moi bien sûr. Mais au moins je n'attendais personne. Je ne regardais pas la porte comme une jeune fille amoureuse fixant le téléphone qui ne sonne jamais.

La porte n'était pas fermée à clef. Ce n'était pas nécessaire. J'étais assez droguée, faible et dépendante, maintenant, pour ne plus être capable de sortir de la pièce. J'avais froid, j'étais au lit, recroquevillée sous les couvertures. Tout d'un coup la porte s'est ouverte. Une jeune fille se tenait là. Je ne comprenais rien. Elle m'a observée une seconde puis elle est entrée furtivement, très vite.

« Je sais que c'est toi, l'autre anorexique, n'est-ce pas ? » a-t-elle dit. Entre nous on se reconnaît. Quoique, dans mon cas, ça n'était pas très difficile à deviner. Elle parlait très vite, comme si elle avait peur que quelqu'un vienne la sortir de là d'un instant à l'autre. Nous étions pleinement conscientes toutes les deux du crime abominable qu'elle était en train de commettre en brisant mon isolement. Je me suis redressée et j'ai fait un effort de concentration. Au début j'ai eu du mal à comprendre ce qu'elle disait. J'étais droguée à mort et elle était si nerveuse...

« Je m'appelle Julie », m'a-t-elle dit, « Je sais ce que c'est. Moi aussi je suis anorexique. »

Je ne savais pas trop s'il fallait rire ou pleurer. Je voulais connaître son histoire. Elle m'a expliqué qu'elle avait vingt-cinq ans, qu'elle était anorexique depuis longtemps déjà et qu'elle savait à quel point c'était atroce d'être enfermée comme ça. Elle a ajouté qu'elle savait depuis un certain temps que j'étais enfermée quelque part et qu'elle me cherchait. Elle voulait m'aider à tout prix. Elle le répétait tout le temps. Si seulement elle pouvait m'aider.

Julie avait entendu les infirmières parler de moi. Jusque-là personne n'avait résisté à l'épreuve de l'isolement aussi longtemps. La plupart des gens tenaient deux ou trois semaines avant de capituler et de commencer à manger. Elle m'a dit qu'elle aussi avait été enfermée, plusieurs fois, mais jamais longtemps. La plupart du temps elle était libre de ses mouvements et elle avait même le droit de sortir pour acheter des magazines et des journaux.

A ce moment-là je ne la trouvais pas affreusement maigre. Je n'étais peut-être pas le meilleur juge. Je comparais le corps des autres femmes au mien, et le monde entier me paraissait grotesquement obèse. Tous les autres étaient capitonnés de chair. Leurs corps n'avaient pas ces creux profonds entre les os. Pour moi, Julie avait l'air presque normale. Elle était sans doute très maigre.

Je voulais savoir comment elle s'était trouvée piégée dans cet enfer. Elle m'a expliqué que tout avait commencé à l'âge de douze ans quand elle avait appris que son père mourait d'un cancer. Il était mort au bout de six ans, le corps horriblement émacié. Elle ne pouvait pas dire pourquoi mais elle se sentait obligée de lui ressembler. C'était d'autant plus difficile à comprendre qu'elle avait une sœur jumelle parfaitement normale.

Elle s'est assise sur mon lit et nous nous sommes regardées. Je savais qu'elle pensait la même chose que moi. Quel était le poids le plus bas qu'elle ait jamais réussi, et comment Lucien Blanc se comportait-il avec elle ? La réponse fut terrible. « trente-deux kilos » et « à merveille. » J'ai senti mon estomac se retourner lentement. C'était évident, même en tant qu'anorexique j'étais nulle. Je n'avais jamais pu descendre en dessous de trente-quatre kilos. Trente-deux c'était impressionnant. Et Lucien était merveilleux avec elle ? Merveilleux comment ? Eh bien, il venait la voir au moins une fois par jour, parfois plus. Et non, il ne l'avait jamais laissée tomber. Il l'encourageait à écrire et non seulement il lisait ce qu'elle écrivait, mais encore il en parlait avec elle.

Est-ce qu'elle était plus jolie que moi ? Ses yeux étaient d'un si joli bleu. C'était donc elle la préférée. J'étais l'enfant mal-aimé, la méchante qui le mettait en colère et qu'il punissait. Julie était évidemment plus intéressante, elle avait plus de talent que moi et par-dessus le marché, elle était plus jeune. Il ne l'abandonnait pas des journées entières toute seule avec ses larmes. En plus elle était meilleure anorexique que moi. Trente-deux kilos. Elle y allait fort. Je n'étais sans doute pas douée pour l'anorexie comme Julie. J'avais entendu parler de gens qui ne mangeaient absolument rien. Ils buvaient juste un peu d'eau. Je n'ai jamais réussi ça. J'étais toujours en train de calculer fébrilement combien de calories je pouvais me permettre. Je n'ai jamais fait mieux que deux cents par jour. J'étais nulle, je ne savais même pas crever de faim, mon père n'était pas mort d'un cancer quand j'avais douze ans et je n'avais même pas de jumelle. C'était clair, j'étais sans intérêt. Il m'oubliait tout simplement pendant plusieurs jours d'affilée. Après tout, je n'étais pas son unique patiente.

J'avais la mort dans l'âme. Ce n'était pas étonnant qu'il ne prenne pas la peine de venir me voir. Pour lui, ce devait être une vraie corvée. Julie n'a pas remarqué mon visage déconfit. Mais après tout, passer du malheur à la désillusion et vice versa ne laisse pas de trace si grande sur l'échelle des contrastes. J'ai fait un effort pour ne pas montrer à quel point j'étais affligée. Elle parlait de chocolat. Est-ce que je voulais du chocolat ? Ceci prouve que Julie était une anorexique authentique. Les anorexiques ont un désir insatiable pour le chocolat. J'en étais obsédée. J'en rêvais la nuit et je n'arrêtais pas d'y penser : « Chocolat – Lucien – Lucien – chocolat, onctueux, sucré, fondant, Lucien, viens s'il te plaît, viens... » C'était un besoin physique, parce que mentalement, bien sûr, je ne pourrais pas me permettre d'en manger. Le chocolat est une torture pour nous autres anorexiques. Le corps le veut, l'exige. La tête ne peut en aucun cas céder. J'ai appris récemment, qu'après un certain temps, les otages mal nourris souffrent aussi de cette obsession. Mais eux, une fois libérés, peuvent l'assouvir.

Julie, qui voulait sincèrement m'aider, m'a dit d'attendre. Elle est vite partie pour revenir quelques minutes plus tard avec ce qui était sans doute toute sa réserve secrète de chocolat. Elle m'a posé trois grandes tablettes sur les genoux, et elle est sortie, après m'avoir dit qu'elle allait espionner les infirmières et surveiller ma porte, pour pouvoir revenir chaque fois que possible. Elle pensait à moi et je ne devais pas désespérer.

Pas la peine de penser à tout ce qui venait de m'arriver. Je savais que j'avais largement le temps pour ça. J'ai déchiré le papier violet et la feuille argentée et je me suis fourré les plaques dans la bouche avec les deux mains. Je n'ai même pas senti le goût. J'étais dans un état de frénésie, enfonçant barre après barre. J'avais à peine fini de lécher soigneusement les dernières traces sur mes doigts que des larmes de frayeur s'étaient mises à couler.

Il ne m'a pas fallu longtemps pour trouver la solution. J'ai fait couler l'eau du robinet, aussi chaude que possible, et j'ai rapidement bu verre après verre. Puis je me suis obligée à rester assise sur le lit le temps nécessaire pour que tout se mélange bien dans mon ventre. Les trois quarts d'heure suivants se sont passés à vomir désespérément dans les toilettes, l'index enfoncé dans la gorge. J'ai continué à boire jusqu'à ce que je vomisse de l'eau claire. Mon estomac était propre et vide. J'avais très mal au ventre et tout l'œsophage me brûlait. Je suis retournée au lit avec un fort goût de sang dans la bouche.

J'ai essayé de comprendre mon étrange comportement. Je n'y suis pas arrivée. Demander à Lucien ? Mais comment expliquer le fait que j'avais du chocolat ? Bon, j'allais lui dire que j'en avais trouvé un morceau oublié au fond de mon sac. Bien sûr, pas toute la vérité. Je lui ai demandé de m'expliquer ce que j'avais fait. Il est devenu furieux. Pour toute réponse, il a fouillé mes affaires et m'a formellement défendu de tenter d'obtenir en cachette le moindre morceau de chocolat ou de n'importe quel autre aliment. Je lui ai dit que c'était ridicule, qu'il devrait m'encourager à manger non seulement du chocolat, mais aussi des gâteaux, des glaces et n'importe quoi d'autre qui me ferait plaisir. Après tout, c'était pour ça qu'il m'avait enfermée. Tout ceci était très positif.

Il m'a regardée, les yeux noirs, et m'a informée d'un ton glacial que j'avais fait une tentative de suicide. Il était si en colère et il prenait tout l'incident tellement au sérieux qu'à partir de ce moment-là il a systématiquement fouillé le sac que l'on m'envoyait chaque semaine, contenant un pyjama, des Kleenex et du shampooing. Je dois admettre que par la suite, une fois sa rage initiale passée, il a eu la délicatesse d'avoir l'air gêné quand il fouillait mes affaires, ce qu'il faisait toujours devant moi.

Une fois j'ai trouvé une tablette de chocolat si soigneusement cachée dans un pli de mon pyjama qu'il ne l'a pas remarquée. Je ne sais pas comment Julie a fait. Je pense qu'elle faisait fonctionner tout un système de troc. Mais, du moins pour l'instant, personne n'était au courant de ce qui se passait entre Julie et moi.

Chapitre 9

Julie est revenue. Deux fois, j'ai trouvé un petit mot glissé sous ma porte. Le premier était écrit sur une page arrachée d'un agenda. « Gros bisous. Je pense à toi. Courage. A très bientôt, Julie. » Quelques jours plus tard il y avait un bout de carton gris, arraché d'une boîte de petits gâteaux. « Tiens bon. Gros bisous. » Je les ai toujours. Je me demande si elle est toujours vivante. Elle était élève infirmière. Elle voulait tant aider les autres, elle qui ne pouvait pas s'aider elle-même. Elle a réussi, contre toute attente, à décrocher son diplôme malgré le fait qu'elle ait été hospitalisée la plupart du temps.

Plus tard, pendant les courtes périodes où j'ai réussi à ne pas être hospitalisée, j'étais obligée de revenir tous les mardis matin afin d'être pesée par Lucien en personne. C'était ridicule. Le chat et la souris. Solennellement il sortait la balance du placard et il la posait devant moi pendant que j'enlevais consciencieusement mes souliers. Nous savions tous les deux que malgré la chaleur j'arrivais chaque mardi avec davantage de vêtements sur le dos, sans parler de mes jeans en toile lourde et de ma ceinture à grosse boucle. Il a même dit en plaisantant que la prochaine fois il m'obligerait à enlever mes grosses bagues en argent. Nous étions gentils l'un avec l'autre. Nous nous sommes observés. C'était une trêve. Bientôt j'ai pris l'habitude de boire plusieurs verres d'eau dans les toilettes juste avant le rendez-vous. Et puis inévitablement, tous ces expédients ne servaient à rien. Les chiffres verts me condamnaient. Retour en cellule. A ces moments-là, mon chagrin à l'idée d'être à nouveau enfermée était atténué par mon sentiment intense de triomphe en voyant que je redevenais décharnée. J'avais encore gagné.

Un de ces mardis matin, tandis que j'attendais dans le couloir devant le bureau de Lucien, Julie a passé les portes du service en compagnie d'une jeune fille. Elles se sont assises pour parler. Le genre de conversation que l'on peut entendre uniquement dans ces lieux. Elles se racontaient chacune leur dernière T.S. L'amie de Julie était une petite rousse potelée, l'air enjoué, avec du fard bleu sur les paupières et pleine de boucles. Julie était très pâle. La petite rousse avait été admise pour une overdose de somnifères. Elle racontait qu'elle était restée consciente tout le temps, pendant son lavage d'estomac. Elle ne le recommandait pas. C'était tellement horrible que la prochaine fois elle trouverait une autre méthode. Julie n'avait eu aucun problème. Elle avait gardé tous ses cachets de Valium et un matin elle a tout avalé. Lucien l'a trouvée lui-même, mais beaucoup plus tard. Elle avait perdu connaissance, donc elle ne se souvenait de rien, même pas de l'affreuse pompe à estomac.

« Lucien a dû avoir l'air con quand il m'a trouvée après tout ce temps », a-t-elle dit avec satisfaction.

« Oh, Julie », j'ai dit, « on s'en fout de Lucien. Tu aurais pu crever ou avoir de graves lésions au cerveau. » J'ai toujours été très douée pour donner aux autres des conseils avisés que je ne suis jamais moi-même. La dernière fois que j'ai eu des nouvelles de Julie, elle venait d'être sauvée à la dernière minute alors qu'elle allait sauter du cinquième étage de l'école d'infirmières.

Mais là, dans ma cellule, malgré que j'étais émue par ses petits mots, j'éprouvais des sentiments partagés à son sujet. D'une part c'était un tel soulagement de voir quelqu'un, n'importe qui, et puis je me sentais proche de Julie, j'avais envie de la protéger. D'autre part, rien que de penser à tout ce qu'elle m'avait raconté de ses relations avec Lucien me donnait un sentiment d'abjecte infériorité. Je n'étais qu'une ratée en tant que patiente et anorexique. Sans même penser à tout le reste. J'appréhendais de la revoir. Je savais que ma langue chercherait la dent qui me faisait mal, et que je lui poserais encore un tas de questions.

C'était un mardi après-midi. J'ai cru que c'était l'infirmière un peu en avance avec les tranquillisants. C'était Julie.

« Mais Julie », mon cœur battait, « qu'est-ce qu'on fera si quelqu'un entre ? »

« J'ai pensé à tout », dit-elle, « on parle très doucement et on reste près de la porte, et si jamais quelqu'un arrive je me cache vite dans les chiottes. Personne n'ira là-dedans, je n'aurai qu'à attendre qu'il parte. » J'imaginais Julie dans les toilettes, écoutant une longue et fascinante conversation entre Lucien et moi. Et moi essayant de le faire taire et de le mettre dehors. C'était tellement invraisemblable, tellement ridicule que nous étions toutes les deux en train de rire quand il est entré sans un bruit. Je suis restée bouche bée. Julie a rougi et a fixé ses pieds. Elle a régressé de vingt ans en trois secondes.

« Je suppose qu'il n'y a rien à dire », dit-elle avec humilité. Il lui a dit d'aller dans sa chambre et d'attendre qu'il vienne. J'étais étonnée par le ton gentil qu'il employait en s'adressant à elle. Dès qu'elle est partie il s'est tourné vers moi.

« Je vous interdis, je vous interdis formellement d'avoir le moindre contact avec Julie », dit-il en se préparant pour la bataille. A sa grande surprise, j'étais d'accord.

« Je ne plaisante pas », insista-t-il, « c'est sérieux. » J'ai protesté à peine, pour la forme et je lui ai dit la vérité. Je ne voulais pas vraiment la voir, mais je ne voulais pas non plus qu'elle le sache afin d'éviter de la blesser. Il a dû penser que j'avais fait des progrès, comme il disait. Que je me rangeais à son avis.

« Merci, Docteur Blanc de m'avoir enfermée, je sais que

c'est pour mon bien. » S'il pensait ça, c'était lui qui était fou, pas moi. Mais cet après-midi-là, il est resté avec moi au moins une demi-heure. Il n'était pas en colère et il me parlait doucement. Ça n'allait pas durer, bien sûr. Mais cette nuit, quand même, j'ai senti que le bébé abandonné à l'intérieur de moi avait été nourri. Il a pu s'endormir sinon heureux, du moins provisoirement apaisé.

Chapitre 10

Quand je n'avais plus ni la volonté ni la force même d'écrire, je passais des heures sur le lit, tenant mon petit singe en peluche dans les bras pour me réconforter. Il avait la bouche ouverte et dans sa main il tenait une banane en feutre jaune. Si je voulais, je pouvais lui enfoncer la banane dans la bouche et le regarder « manger » quelques secondes, le temps qu'elle ressorte lentement. Il n'a jamais avalé cette banane. Chaque fois que je l'enfonçais il la recrachait intacte. Manifestement il se rangeait de mon côté. Ses yeux de verre noirs et marron exprimaient l'espèce de stupidité perçante de celui qui est convaincu de sa propre intelligence et qui, de plus, va vous dire les choses comme elles sont. Il me rappelait une personne avec qui j'avais travaillé, dans la préhistoire de ma vie, quand j'avais un métier et des amis.

Sans le savoir, le singe m'a fait apprécier Lucien Blanc, tout au début, avant la déclaration de guerre. J'étais assise sur le lit et Lucien me parlait. D'un air distrait j'enfonçais répétitivement mon index dans sa gueule en peluche. Lucien n'a pas hésité une seconde.

« Si vous continuez à faire ça il va vomir », a-t-il dit très sérieusement. Ça m'a plu. Mais ça s'est passé il y a longtemps, il y a toute une vie (toute une mort ?). Le singe était le dernier vestige de réconfort que j'avais pu trouver. Recroquevillée avec lui je passais des heures entières à composer des lettres imaginaires destinées aux gens que j'avais connus auparavant. Qu'est-ce qu'ils penseraient s'ils pouvaient me voir comme ça ? Parfois ces lettres étaient profondément tragiques, voire pathétiques, mais toujours extraordinairement courageuses. J'insinuais, sans aller jusqu'à le dire, que j'étais affligée d'une terrible maladie. Que je n'en avais plus pour longtemps. Que la raison pour laquelle j'étais enfermée seule était l'extrême précarité de ce qui me restait de vie. D'un moment à l'autre cette petite flamme pourrait vaciller et s'éteindre. Il n'y avait que ce calme et cet isolement qui pourraient éventuellement prolonger l'ombre, oh combien précieuse, de moi-même. Tout ce qui me restait de ma gloire d'antan. Ce n'était nullement une punition. Bien évidemment, plus on pourrait prolonger cette âme exquise sur terre, mieux c'était. Donc, pour l'instant, cher(e) ami(e)... adieu.

J'ai même inventé plusieurs façons compliquées de faire sortir ces lettres du bâtiment. La plus simple était de faire tomber l'enveloppe à travers l'étroite ouverture de la fenêtre jusque dans le parking en dessous où, bien entendu, la première personne venue allait la ramasser pour ensuite la mettre à la poste. C'était pour le timbre que je calais. Je n'étais pas sûre du tout que la gentille personne du parking allait bien vouloir payer pour un parfait inconnu. J'étais capable d'élaborer ces scénarios dans ma tête pendant des heures. Mais à la longue, je n'avais plus l'énergie mentale nécessaire pour me raconter des histoires. Il ne restait plus que moi et le singe. Je n'avais presque plus la force de bouger.

Tout à coup j'ai cru entendre arriver l'infirmière. J'ai ouvert les yeux. Il y avait là une folle. Complètement démente. Ses yeux me rappelaient Ghislaine, la terrible première fois. Ils étaient noirs et brûlants. Ses cheveux longs et mal peignés étaient de couleur foncée comme ses yeux. Sa chemise de nuit vert pâle était déchirée de l'épaule jusqu'à la taille, laissant exposé un petit sein olivâtre. Elle était pieds nus. Elle respirait lourdement. Je suis restée figée sur place.

Elle vomissait une diatribe furieuse et démente, toutes les pires obscénités que j'aie jamais entendues de ma vie, et plus encore. Elle était convaincue que c'était moi la pute, la chienne, la truie, la connasse qui avait volé son mari. Et ce n'était pas tout, en plus c'était moi qui avais volé toutes les questions du concours qu'il préparait pour les remplacer par d'autres, pour lui faire tout rater et perdre son boulot, et maintenant sa femme et ses enfants allaient crever de faim, et par-dessus le marché, ça c'était son singe que j'avais volé.

Elle m'a bondi dessus et elle a essayé de m'arracher le singe. Suffoquée, submergée par un raz de marée de terreur et totalement incapable de me défendre, tout ce que j'ai pu faire c'était de m'accrocher à mon singe. Il n'y avait que ça qui comptait. Je ne pouvais pas la laisser prendre mon singe. Elle me frappait, me giflait, elle me tapait dessus. Elle m'a attrapée par les cheveux et tirée par terre. Je m'accrochais toujours.

« C'est mon singe », je chuchotais, « mon singe mon singe. » Tout en donnant des coups de pied, en me frappant, elle s'est agrippée au singe pour me tirer jusque dans le couloir. Je me suis roulée en boule pour essayer de me protéger. Jamais à aucun prix je ne l'aurais laissée prendre mon singe. Tout se passait au ralenti. Ni elle ni moi ne faisions le moindre bruit.

Je pouvais voir des infirmières et des patients s'agiter au bout du couloir, mais personne ne nous voyait. Il m'a semblé qu'ils mettaient une éternité à se rendre compte de ce qui se passait. Ils ont dû la détacher de moi, mais je ne me souviens de rien. Je me suis retrouvée de nouveau sur le lit. Je tremblais, j'étais couverte de bleus et il me manquait une poignée de cheveux. Mais je tenais toujours mon singe.

Le lendemain matin, elle est revenue. Elle était bien habillée avec les cheveux tirés en arrière. Elle paraissait parfaitement normale. Elle avait environ trente ans, un beau visage intelligent. Elle est venue pour s'excuser. Elle savait bien qu'elle n'avait pas le droit d'entrer dans ma chambre, mais elle l'a fait quand même. Elle ne se souvenait de rien, mais quand on lui avait appris ce qu'elle avait fait, elle en avait été horrifiée. Elle n'arrêtait pas de s'excuser. J'ai pensé que je devrais peut-être demander à Lucien de fermer de nouveau la porte à clef, pour empêcher les autres d'entrer.

Chapitre 11

Je trouvais Lucien préoccupé. Je n'aimais pas sa façon de me regarder. C'est sûr, il avait une idée derrière la tête. J'étais si absolument opposée à ce qu'on ferme les toilettes, qu'il pensait peut-être pouvoir utiliser cela contre moi.

J'avais passé pas mal de temps à me fabriquer minutieusement une courbe de poids très détaillée. On me pesait deux fois par semaine et j'avais marqué des intervalles de deux cents grammes, comme sur la balance électronique. J'étais obsédée par cette courbe. Tant qu'elle continuait à progresser vers le bas je me sentais presque capable de supporter tout le reste. On m'avait enfermée à trente-neuf kilos, et maintenant, comme je le faisais remarquer à Lucien, je « me stabilisais » à trente-cinq. Secrètement, je me sentais complètement nulle de « me stabiliser » à ce poids. Après tout, sur la colonne de gauche de ma courbe, j'avais soigneusement marqué les chiffres jusqu'à trente kilos. Qu'est-ce que je me racontais là ? Je n'aurais jamais pu survivre à trente kilos. Et si j'y étais arrivée j'aurais aussitôt marqué vingt-neuf et puis vingt-huit. Je ne serais jamais assez maigre. Je plaisantais en disant à Lucien que si je continuais comme ça je finirais retournée comme un gant, avec la peau à l'envers. Il n'a pas trouvé ça drôle.

Il savait que je n'étais pas en train de « me stabiliser » pour faire la paix avec lui. Je mentais. Je mangeais de moins en moins, absolument déterminée à « faire plonger magnifiquement cette courbe vers le bas », comme je me disais en secret. Mais moi, je ne savais pas ce que Lucien savait trop bien : arrivé à un certain stade critique, le corps essaie de résister coûte que coûte au manque de nourriture en stockant tout ce qu'il peut. Mais il ne peut tenir indéfiniment et finit par s'écrouler d'un coup. Mon corps ne se stabilisait pas du tout, il essayait de s'accrocher comme il pouvait. Lucien savait que par conséquent, à tout moment, je risquais de perdre deux ou trois kilos d'un coup. Et voilà. Terminé.

Il n'était pas assez con pour me le dire. Mais il a encore essayé de brandir la clef des toilettes. Cette fois, il a attaqué sous un angle différent. D'abord l'appât.

« Si vous me promettez de prendre du poids tout de suite, je vous permets de téléphoner à votre mari. Et si vous prenez plus de deux kilos je vous laisserai partir en week-end chez vous », dit-il. « Par contre, si jamais vous descendez de nouveau en dessous de trente-sept kilos, la porte des toilettes sera fermée. »

Il me prend pour une imbécile, je pensais, ça ne lui coûte rien du tout de me laisser passer un coup de fil. Mais il doit le savoir, je préférerais crever en enfer plutôt que de prendre deux kilos. Il est fou. Je ne pourrai jamais supporter ça. Et même si j'étais suffisamment désespérée pour accepter son offre, je ne prendrai jamais le risque de lui laisser fermer les chiottes.

« Il n'en est pas question », j'ai dit. Il était plus que fâché. J'étais étonnée par tant de colère.

Je croyais que les psychiatres étaient supposés garder leur calme, j'ai écrit, *Il se fout complètement de moi en tant que* personne, je soulignais, *Il se soucie uniquement de mon cadavre. Par contre, ça, ça l'emmerde vraiment. S'il continue je mangerai de moins en moins jusqu'à ce que je devienne cadavre. Ça lui réglera son compte.* J'ai eu assez de bon sens pour ajouter que ça réglerait sans aucun doute le mien en même temps. Pour de bon.

Bien sûr il a immédiatement fait fonctionner son système punitif. Mais il a d'abord pris la peine de m'informer que mon mari était profondément blessé et ne comprenait pas du tout pourquoi je n'avais pas voulu lui parler au téléphone. C'était peut-être vrai, peut-être pas. Les rares fois où Lucien est venu me voir au cours des longues journées qui ont suivi, il m'a informé d'un ton glacial que ce que j'avais à lui dire ne l'intéressait plus. Il lui est même arrivé d'être assez furieux pour me traiter de folle et me dire que j'allais finir à l'asile, sans l'ombre d'un doute.

« Et vous ne pouvez pas savoir », m'a-t-il dit d'un ton sinistre, « moi, je sais ce que c'est et je vous le dis, vous êtes mieux ici. »

Je pensais que tout compte fait, c'était assez choquant de la part d'un psy de traiter sa patiente de folle. J'ai commencé à avoir peur : jusqu'ici j'avais cru être déjà enfermée à l'asile, en fait je n'avais encore rien vu. Ici j'étais à l'hôpital psychiatrique. L'asile, c'est là où on te jette quand t'es vraiment cinglée. Et puis j'ai pensé, « C'est lui qui est fou. Il m'insulte et me menace avec son asile, mais s'il me fout là-dedans, je serai forcément toujours en vie, même si je suis folle. Alors, de quoi il se plaint ? »

Chapitre 12

Je passais beaucoup de temps à écouter, ou plutôt à entendre, malgré moi, les bruits de l'extérieur. J'entendais clic-clic, clic-clic, venant de l'autre côté du mur. Ça commençait à huit heures le matin et ça continuait toute la journée jusqu'au soir à l'heure des somnifères. Au début je ne comprenais pas. Clic-clic, clic-clic. J'essayais de localiser le bruit. Il venait très exactement de l'endroit du mur, près du lit, où se situait le carré en plastique de l'interrupteur. De l'autre côté, il y avait quelqu'un qui passait toute sa journée, tous les jours, à allumer et à éteindre la lumière. Aucun autre bruit ne venait jamais de cette pièce, sauf au moment des repas. Je pouvais entendre les infirmières lui parler tandis qu'elles le conduisaient du lit à sa chaise. Je savais quand elles lui attachaient un bavoir autour du cou parce qu'elles lui expliquaient chaque fois ce qu'elles étaient en train de faire. Et elles lui demandaient d'ouvrir la bouche gentiment, pour qu'elles puissent lui donner des cuillerées d'une bouillie brun orangé qu'elles prenaient dans un bol en plastique rouge. Je savais pour le bol rouge parce que j'en voyais quelques-uns alignés sur le dessus du chariot en inox arrêté devant ma porte quand on m'apportait le plateau.

J'ai demandé à une infirmière ce que signifiait le clic-clic. Elle m'a expliqué que dans la chambre à côté il y avait un homme âgé d'une quarantaine d'années. Il était marié, avec trois enfants. Un jour, il y a quelques années, il a tout arrêté. Personne ne savait pourquoi. Il ne parlait plus et ne mangeait plus. Il ne faisait plus rien. Il ne marchait plus, il ne travaillait plus, il ne regardait même plus la télévision. Il a cessé toute activité. Il a été examiné d'abord par les médecins et ensuite par les psychiatres. Il a fini par échouer dans la chambre voisine de la mienne. Son unique activité consistait à allumer et à éteindre la lumière. Toute la journée. Tous les jours. Une infirmière le tenait par le bras pour le faire marcher, on le lavait et on l'habillait. Il n'a plus jamais parlé. Personne ne sait pourquoi.

Toute la journée j'entendais le bruit des coups sur les portes fermées. Manifestement personne n'avait de sonnette. Les gens étaient remarquablement expressifs, chacun avait sa façon personnelle de cogner. Il y avait une jeune fille qui tapait avec les articulations des doigts, un bruit dur, un bruit de bois – tac tac, tac tac – en même temps elle criait d'une voix aiguë – « S'il vous plaît ! » Ça continuait pendant au moins une demi-heure avant qu'une infirmière ne se déplace pour lui demander ce qu'elle voulait. Elles n'étaient jamais pressées de répondre sauf si les coups paraissaient trop violents ou manifestement dangereux. Une jeune fille qui n'était pas carrément dans un état d'hystérie n'était pas considérée comme cas urgent. A peu près une demi-heure d'attente était la moyenne.

Derrière l'autre mur de ma chambre j'entendais ce qui me paraissait être la voix d'un jeune homme fort. Il martelait la porte avec la partie charnue de son poing, ce qui donnait un son plus sourd, plus mat. Il n'arrêtait pas une seconde jusqu'à ce qu'il obtienne ce qu'il voulait.

Boum boum boum boum boum

« Infirmièèèèèèèèèèèèèèèèèèèèère ! » criait-il.

On ne s'occupait pas tellement de lui non plus. En fait tout ce vacarme de gens qui cognent, qui frappent et qui crient, ce bruit de poignées de portes fermées qu'on essaie de forcer était le bruit de fond habituel en psychiatrie. On pouvait s'habituer, comme Lucien me l'avait prédit la première fois que j'avais entendu Ghislaine. Je ne me suis jamais habituée aux hurlements.

Au bout du couloir, il y avait une jeune fille anorexique de dix-huit ans. Julie m'a dit qu'elle devait prendre dix kilos. C'était comme pour les peines en prison. Si tu étais un petit malfaiteur tu récoltais six mois, si tu étais anorexique c'était dix kilos. Ceci était pratiquement la peine maximale, l'équivalent de la perpétuité. Les médecins n'osaient pas exiger que l'on grossisse plus que le minimum nécessaire pour que nos vies ne soient plus en danger. Personne ne nous demandait de ressembler à Sophia Loren. Comme la jeune fille au bout du couloir, j'étais condamnée à dix kilos.

Dans les premiers jours de mon incarcération Lucien m'avait dit qu'il venait juste de relâcher une anorexique qui avait pris six kilos en dix jours. Je crois qu'il pensait m'encourager. Pour moi c'était le pire des cauchemars, je ne pouvais rien imaginer de plus effrayant. Je m'imaginais gonflée comme un immense dirigeable, avec un gigantesque cordon ombilical attaché à quelque chose ou à quelqu'un loin dans l'espace. Cette pensée aurait peut-être intéressé Lucien en tant que psychiatre. Je l'ai gardée pour moi. Ils auraient pu penser que j'étais folle. « Et puis après, qu'est-ce qu'ils feront ? » plaisantais-je amèrement avec moi-même, « ils m'enfermeront dans une cellule. »

Une fois, la jeune anorexique s'est mise à crier dans un accès de furie aiguë, d'une voix perçante, pendant quinze minutes. Je sais parce que je l'ai minutée. Je ne l'ai pas fait de façon cynique ou sans pitié. Il fallait faire face à la peine et à l'horreur que ça m'inspirait. Me dire qu'il y a eu un commencement et qu'il y aura une fin. Que ce n'était pas toute ma vie qui était en train d'être hurlée au bout du couloir. Je ne me suis jamais habituée aux cris. Chaque fois, ça me secouait. J'avais froid et je respirais mal en pensant à la douleur terrible, accablante que tous les autres étaient en train d'endurer. Je savais que quoi qu'ils me fassent, et je ne pouvais guère imaginer pire que la présente situation, jamais je ne pourrais lâcher le moindre cri.

Plus tard, j'ai réalisé que si j'avais pu hurler et crier de rage, ça m'aurait probablement fait du bien. En fait, quand j'étais accablée de peine, je m'enfonçais le dos dans un coin de la pièce, le corps totalement rigide, et j'appuyais mes vertèbres protubérantes contre le tuyau d'eau froide. Je restais gelée comme ça pendant des heures, avec les dents serrées et les yeux si grands ouverts qu'ils étaient douloureux. Ou bien je me mettais sur le lit, les genoux sous le menton et je me cognais la tête contre le mur. Comme si la douleur physique pouvait soulager la torture dans ma tête. Je n'ai jamais pu me permettre de frapper sur la porte pour appeler une infirmière. C'était en grande partie dû à ma fierté, jamais je ne me serais laissée humilier en frappant pathétiquement pendant une demi-heure dans l'espoir qu'une infirmière, une fois finie sa cigarette, consentirait à venir. Même quand j'étais gravement en détresse, je serrais les dents, littéralement.

Parfois il y avait une escalade hors de proportion, même pour une maison de fous. Quelqu'un commençait à secouer la poignée de sa porte, ce qui était toujours mauvais signe. On la secouait pendant un long moment et puis on commençait à cogner. Si ça devenait violent, surtout s'il se faisait tard, d'autres patients s'énervaient à leur tour. Ils se mettaient à cogner aussi et à crier, « Ta gueule ! » ou « Va te faire foutre ! ». Finalement, exaspéré parce qu'il n'entendait plus la télé, quelqu'un lui demandait ce qu'il voulait. A ma grande surprise, après un tel martèlement complètement dément, il arrivait souvent que la personne demande d'une voix parfaitement calme et raisonnable : « Quelle heure est-il ? » et une autre voix répondait d'une façon normale et parfaitement aimable : « Il est dix heures moins cinq. »

Pendant la journée, dans la plupart des cas, le but de tous ces tapages et de ces appels frénétiques était simplement d'obtenir une cigarette. Les infirmières les distribuaient à l'unité. On arrêtait subitement de cogner et j'entendais alors un bruit de clefs dans une serrure.

« Voilà, Monsieur Garcia. » Elles disaient Monsieur ou Madame ou Mademoiselle. On était peut-être cinglé mais on avait droit au respect, n'est-ce pas ? Ça m'aurait fait du bien d'entendre mon prénom. Ça m'aurait peut-être réconfortée un peu, mais personne ne l'a jamais fait. « Bon appétit, Madame. »

Par contre, Kamel avait un prénom. J'ai rencontré Kamel pour la première fois quand j'attendais d'être pesée devant le bureau de Lucien. Il avait dix-huit ans et les paraissait à peine. Il était petit pour son âge avec un sourire très doux. Il était toujours soit en train de fumer, soit en train de demander une cigarette. Il s'est mis tout près de ma chaise.

« Salut », a-t-il dit, « tu attends le Dr Blanc ? » « Oui » j'ai répondu. « Il est gentil, je l'aime bien », m'a dit Kamel. A part le fait qu'il paraissait mentalement très jeune pour son âge, ou peut-être un peu simple, je ne comprenais pas du tout ce qu'il faisait dans un hôpital psychiatrique. Son sourire était confiant comme celui d'un enfant et il paraissait content de se promener dans le couloir en disant bonjour à tout le monde, ou bien de rester assis au soleil sur l'herbe derrière le bâtiment.

Un jour, il y a eu un nouveau bruit derrière ma porte. On aurait dit le cri incessant d'un énorme coq ou bien la toux aspirante d'un géant en pleine crise de coqueluche. Je n'avais jamais rien entendu de pareil. L'infirmière m'a dit que c'était Kamel. Il avait une maladie incurable du cerveau. Ses capacités mentales dégénéraient constamment. Il allait finir comme un légume. Sa famille le savait et n'avait pas voulu le prendre en charge. Il a atterri au Pavillon 47. Il n'y avait pas d'espoir. Tout le monde, sans exception, était gentil avec Kamel.

Chapitre 13

J'étais enfermée depuis des mois quand mon mari et mes enfants ont déménagé. Maintenant ils étaient à Paris, à une distance de plusieurs centaines de kilomètres. Je me tâtais mentalement, je me sondais avec précaution. Qu'est-ce que ça me faisait ? Rien. Rien du tout. Seule, c'est seule. Cinquante kilomètres ou cinq cents, c'était pareil. S'ils avaient déménagé en Amérique ou en Australie, ou au contraire à St-Clément même, ça n'aurait rien changé. Le monde en dehors de ma cellule n'avait plus de réalité. Pour moi le monde se réduisait au lit avec sa couverture verte, les volets en acier, les cris, les coups sur les portes et le bruit des poignées. Il y avait le plateau, la balance et les petits chiffres noirs à la dernière page de mon cahier, mes calculs si désespérément importants : une pomme cinquante calories, plus un morceau de pain, vingt-cinq calories, ça fait soixante-quinze. Mardi, trente-cinq kilos deux cents grammes, moins mon pyjama, ça fait trente-quatre kilos huit cents grammes. Et Lucien. Viens s'il te plaît, viens, s'il te plaît s'il te plaît...

Le plus dur c'était de manger. C'était bien pire que la solitude, le désespoir, la dépendance sans recours, et la désolation d'être emprisonnée dans de telles conditions. C'était la pire des choses qui pouvaient m'arriver. A un moment donné Lucien m'a comparée à une toxicomane, accro à la faim. Quand tu es obligée de te désintoxiquer, seule avec toi-même jour après jour, avec ce poids qui augmente, et que tu dois supporter ce corps que tu crois en toute sincérité hideux, tu penses de plus en plus fréquemment à te suicider. J'imaginais la graisse en train de m'envahir sournoisement pendant que je dormais, comme une croissance cancéreuse.

Bien avant d'être incarcérée par Lucien Blanc, avant même de l'avoir rencontré, il m'était arrivé de devoir être nourrie par voie intraveineuse. A l'époque, ça m'avait paru moins effrayant que la perspective d'être enfermée à l'hôpital psychiatrique. J'avais tort. D'abord, physiquement, c'était extrêmement douloureux. Mes bras devenaient rapidement couverts de taches de couleurs diffuses – bleu foncé, violet, un peu de vert et pas mal de jaune. Mes veines ne résistaient pas. L'infirmière qui était censée trouver une veine différente chaque jour avait fini par éclater en larmes en m'informant qu'elle n'en pouvait plus. C'est elle qui avait pleuré, pas moi. Elle me cherchait une veine sur la main – mes pauvres bras de camp de concentration étaient en trop mauvais état. Ils ont fini par envoyer un jeune anesthésiste qui a tout arrangé par un méchant système de cathéter qui remontait la veine jusqu'au cœur. Plus de douleur. Par contre cela m'obligeait à être nourrie vingt-quatre heures sur vingt-quatre. Il fallait que ça coule en permanence.

L'anesthésiste ne connaissait absolument rien à l'anorexie. Il avait l'air de croire que si, comme je le lui ai expliqué maladroitement, « Je ne pouvais pas manger », il devait y avoir une cause physique. C'était évident, j'avais des difficultés à avaler. Il m'a expliqué qu'il existait une intervention chirurgicale, supposée élargir l'œsophage. Ou peut-être s'agissait-il simplement de nausées ? En ce cas, il connaissait un excellent traitement. J'ai hoché la tête, incapable de contrôler mes larmes.

C'est douloureux d'être nourrie comme ça, à cause des lipides. De gros flacons ronds remplis de graisses liquides, épaisses et blanches. C'est parce qu'elles sont épaisses qu'elles abîment la veine. Mais je m'en fichais. Je n'avais aucune pitié pour mes bras. Si je pleurais, dans un état de panique grandissante, c'était à l'idée de tout ce gras que l'on me versait dans le corps contre ma volonté. Je regardais la bulle se former en bas du flacon inversé et progresser très lentement vers le haut, à travers la masse visqueuse jusqu'à la surface. Dès qu'un flacon se vidait une infirmière entrait sans tarder avec un autre. Je me sentais violée, profanée. Mais je les ai laissés faire. Je pensais que si je pouvais endurer cette affreuse expérience le temps qu'il fallait pour me « guérir », ça valait la peine. J'étais naïve. Dès que l'on a estimé que j'étais en état de partir, rien, absolument rien n'avait changé.

A St-Clément, Lucien Blanc savait que ce n'était pas la peine d'essayer par voie intraveineuse. Mais même cette expérience était moins douloureusement traumatisante que de finir par capituler, en désespoir de cause, seule dans ma cellule.

« D'accord, je mangerai », m'étais-je dit, en me jurant que j'arrêterais aussitôt libérée. Mais, malgré ce pacte solennel avec moi-même, c'était atroce. Je subissais de violentes crises d'angoisse à l'idée même de sortir de mon état de rêverie et d'inanition. Il me fallait des quantités de tranquillisants une demi-heure avant l'arrivée du plateau. Et là, droguée à mort, j'avalais cette pourriture.

Pour une anorexique, être forcée de manger est déjà suffisamment difficile et douloureux. Les conditions matérielles de l'hôpital en question faisaient que c'était pire encore. Le plateau était une espèce de rectangle d'un matériau miteux de couleur marron. Il y a longtemps, quand il était neuf, il était probablement censé ressembler sinon à du bois, du moins à une imitation de bois. Il était rayé, rêche au toucher et d'une propreté douteuse. Mais je ne me plaignais pas pour le plateau. En revanche, j'aurais bien aimé une assiette. Évidemment il fallait un récipient pour la soupe et la purée, mais tout ce qui ne nécessitait pas, à strictement parler, l'usage d'une assiette était placé à même le plateau. Comme ça un morceau de fromage, une tranche de tarte, le pain ou les fruits étaient rendus infiniment plus appétissants. La nourriture pour laquelle une assiette était indispensable arrivait dans une espèce d'auge. C'était blanc avec des séparations intérieures, comme une sorte de boîte à outils en céramique. Parfois ça contenait d'impressionnants mets délicats comme de la cervelle. Exactement comme des dessins anatomiques que l'on trouve dans les livres de médecine du début du siècle. Molle, grise et aqueuse... la cervelle. J'ai trouvé ça tellement écœurant que j'ai demandé que l'on me l'enlève. Le gentil infirmier m'a assuré qu'il n'y avait pas de problème, tout en versant les deux moitiés dans mon verre. A la façon dont il les tenait, on aurait pu croire qu'il allait les porter à la salle d'opérations du Dr Frankenstein...

« Eh, docteur, j'ai fini par trouver un donneur ! »

Parfois j'étais perplexe et obligée de demander ce que c'était. Une fois on m'a informée que la boue brunâtre et nauséabonde qui se trouvait dans le plus petit des compartiments carrés s'appelait, et je cite, « un gâteau de foie ».

J'ai dit à Lucien que c'était trop sale, trop dégoûtant et que je ne pouvais vraiment pas manger ça. Il m'a répondu fermement que même s'il m'invitait au meilleur restaurant de la ville, nous savions tous les deux que je ne mangerais rien. J'ai trouvé ça trop facile. Je lui ai demandé de m'autoriser à me faire acheter par une infirmière le genre de nourriture auquel je pourrais faire face. Je pourrais me résoudre à manger uniquement des yaourts nature et du poisson blanc vapeur. Ce que je sentais obscurément comme « pur ». Il a refusé toute discussion et m'a dit que c'était le plateau et quarante-six kilos ou rien.

Même avec le Valium c'était un enfer. Je lavais ma nourriture sous le robinet avant de la manger. A l'époque je ne me rendais pas compte de ce que je faisais. Même moi, je ne pouvais admettre d'être tarée à ce point. Je me racontais que s'il y avait la moindre trace de gras ou de sauce, mon corps allait me trahir et partir en crise de diarrhée. Mais en vérité je trouvais cette nourriture trop dégueulasse, sale. J'ai caché le bol du petit déjeûner. Je versais dedans les carottes ou les feuilles de laitue, le riz ou les pâtes, même la viande et je tenais mes doigts écartés dessus pour improviser une passoire. Ensuite je passais le tout sous l'eau chaude du robinet.

C'était déjà assez dur d'être obligée de manger. Mais ce qui m'effrayait le plus était le changement brutal, dramatique de mon corps. Au début de mon incarcération, quand j'en avais encore la force, je tirais la chaise dans le cabinet de toilette et je grimpais dessus. J'examinais anxieusement la partie de mon corps que reflétait le miroir au-dessus du lavabo. Je ne pouvais pas voir mon visage mais mes bras faisaient peur, même à moi. Il ne me restait littéralement plus que la peau et les os. Pas de graisse, pas de muscles. La peau était plissée aux aisselles et à l'intérieur des coudes. A ma grande satisfaction je n'avais plus de seins et il y avait un creux profond au niveau du sternum. Ça me rassurait d'y enfoncer le doigt. Les côtes saillaient d'une façon alarmante, ainsi que la colonne vertébrale, quand je me retournais avec précaution. Mes cuisses avaient pris un angle totalement nouveau. Il n'y avait presque pas de muscles non plus, ce qui faisait que le fémur penchait en oblique vers les genoux. Ces derniers étaient extrêmement proéminents. Pour m'assurer que je continuais à perdre du poids, je frôlais doucement mes veines du bout des doigts. Elles traçaient un dessin bleu en relief sur tout mon corps parce qu'il n'y avait plus de graisse sous-cutanée. C'était mon corps tel que je l'avais voulu. Mon œuvre.

Et ils ne vont PAS me l'enlever, j'ai écrit. *Je mangerai quand JE le déciderai, pas avant. Et certainement pas pour vous, Lucien Blanc.*

Mais à la fin, pour sortir, je n'avais plus le choix. J'ai mangé. A mon horreur mon corps s'est mis à gonfler très vite. La graisse s'est posée tout de suite sur le visage et le ventre. Un gnome grotesque et bouffi avait pris la place de mon squelette inorganique et pur aux os de porcelaine blanche. J'étais un gros bébé très laid. J'ai écrit : *Je suis tellement laide que ça me fait mal.*

Je voulais me cacher. J'avais honte de mon corps, je ne voulais pas que les infirmières le voient. Je le dissimulais dans une énorme robe de chambre en tissu-éponge blanc. Mais je ne pouvais pas me cacher le visage. J'ai demandé à Lucien de me rassurer. Il m'a dit de dessiner mon corps « comme je l'imaginais ». J'ai fait un dessin très ressemblant. Je l'ai encore. Il me fait toujours horreur. Il m'a répondu que c'était une illusion. Je voulais tellement le croire, mais je ne pouvais pas me raconter de telles histoires. Il fallait bien se rendre à l'évidence, là, en dessous, il y avait réellement une grosse panse toute gonflée comme par une grossesse nerveuse. Et ces grosses joues enflées me donnaient l'air d'une Miss Piggy tragique.

J'ai appris plus tard que c'est ce qui arrive si on prend beaucoup de poids rapidement. Ensuite ça finit par s'arranger. Si Lucien m'avait expliqué ça, peut-être aurais-je pu le supporter. Mais en fait, ça n'a servi qu'à renforcer ma détermination à m'évader pour récupérer mon beau squelette au plus tôt. *Sans toi, je ne serais rien.* Je n'écrivais pas à mon amant perdu. Mes poèmes s'adressaient à mon squelette de rêve et à la mort. Je la suppliais de me prendre par la main, de m'envelopper dans ses voiles arachnéens et de ne plus jamais me quitter.

Chapitre 14

Malgré des doses toujours plus grandes de tranquillisants, neuroleptiques, antidépresseurs et somnifères, je vivais dans un état d'angoisse permanent. Je ne dormais plus du tout et depuis que je mangeais, tout empirait. Je ne pouvais plus me réconforter en calculant combien de poids je pourrais perdre et à quelle vitesse... trente-six, trente-cinq, trente-quatre, trente-trois kilos. Je ne trouvais plus aucun réconfort nulle part. Je me répétais inlassablement que j'allais partir. Et puis un jour j'ai cessé de me le dire. Pour deux raisons :

Premièrement mon corps m'a trahie. N'étant plus habituée à la nourriture et vivant dans un tel état d'anxiété, j'avais de nouveau de violentes crises de diarrhée. Je n'étais pas seulement obligée de supporter la douleur de manger, mais, en plus, ça ne m'avançait à rien. Je perdais encore du poids. J'étais piégée dans tous les sens. Je perdais partout. Je ne pouvais pas arrêter de manger et rester enfermée indéfiniment. Maintenant ça faisait six mois que j'étais en prison. Il fallait sortir à tout prix.

Deuxièmement, Lucien m'a calmement informée qu'il allait bientôt partir en vacances pour un mois. Je savais que je ne pouvais pas survivre un mois seule, sans le voir. Surtout maintenant que je mangeais. J'étais tellement affolée que je ne pouvais plus finir mes phrases.

« Je ne peux pas rester ici sans vous », j'ai dit, « qu'est-ce que je deviendrai ? qu'est-ce que je vais faire ? »

« Hibernez », m'a-t-il répondu sèchement. Il était toujours fâché à cause des crises de diarrhée. Ça m'a achevée. Je l'ai encore imploré de faire quelque chose au sujet de la nourriture. De me donner des aliments que mon corps pourrait tolérer. Alors, pendant les longues semaines qui ont suivi, on m'a apporté du pain, de la confiture (les jours de chance) et de la purée instantanée. Tous les jours.

En plus de toutes les autres drogues, je prenais maintenant des antispasmodiques pour la diarrhée et un traitement pour les brûlures d'estomac, de sévères brûlures causées par les angoisses. J'en voulais à Lucien et je prenais graduellement conscience de pensées étranges :

« Si c'est comme ça », je me disais, « si vous m'abandonnez enfermée ici dans ma misère, tandis que vous vous promenez à la montagne ou que vous vous baladez au bord de la mer (je ne pouvais pas imaginer Lucien prenant un bain de soleil) vous pouvez être sûr que je ne serai plus là quand vous rentrerez. » Ces pensées n'étaient formulées qu'à moitié parce que je ne croyais pas vraiment que ma présence ou mon absence pourrait l'affecter en quoi que ce soit. « Il ne le remarquera sans doute même pas », pensais-je. Et puis un jour il m'a dit :

« Je sais que vous ne serez plus ici à mon retour, pour me punir de vous avoir abandonnée. »

« Le punir. Puisque c'est lui qui le dit », pensais-je avec satisfaction, « ça doit être possible. Très bien, je ne serai plus là. Hiberner mon œil. Tu vas voir. »

Mais j'ai failli ne pas y arriver. Non seulement je devais atteindre quarante-six kilos malgré un régime aussi restreint et des crises continuelles de diarrhée, mais encore je me battais contre de nouvelles craintes. L'idée de partir me terrorisait. Au bout de six mois d'isolement, j'avais peur de tout. A partir d'un certain poids on me permettait de marcher dans ce qu'ils appelaient « le parc », entre quatorze heures et quinze heures chaque après-midi. « Parc » est un terme un peu fort. Ajoutez « ing » à la fin et ça vous donne une meilleure idée. Une grande étendue goudronnée, entourée de hauts grillages d'un côté, et de l'autre un petit carré vert avec des bancs en ciment et une allée goudronnée toute noire.

La première fois que j'ai quitté ma chambre je me suis sentie bizarre, comme si tout le monde me regardait. Je n'étais pas habituée à porter de vrais vêtements. J'ai traversé lentement le service, le couloir où j'avais rampé désespérément, la pièce où j'avais piqué ma crise de rage au téléphone. Il y avait des patients mal habillés. Des hommes en jogging sans forme, chemises en Nylon et pantalons pattes-d'eph. Des femmes en robes à fleurs orange et brune. Des gens en chaussons traînant les pieds. Tout le monde s'est arrêté pour me regarder. J'étais l'étrangère. On ne m'avait jamais vue. La folle du grenier dans « Jane Eyre », c'était moi. Je continuais mon chemin, en m'efforçant de paraître normale. Dieu sait pourquoi, j'étais bien la seule. J'ai passé les doubles portes à hublots et j'ai longé le couloir, en passant devant le bureau de Lucien, jusqu'à la porte qui donnait sur la pelouse.

J'avais très peur. Qu'est-ce que je ferais si on s'approchait de moi ? Et si quelqu'un m'adressait la parole ? Pendant que j'hésitais, pas habituée à sentir le soleil sur mon visage et le vent léger, une jeune fille avec une grande jupe à fleurs et des anneaux dorés aux oreilles, s'est avancée dans ma direction. J'ai paniqué. Je ne pouvais pas assumer d'être dehors et en plus de faire la conversation. Elle était peut-être tarée elle aussi. J'ai vite fait demi-tour, et contourné le bâtiment pour me cacher dans une légère déclivité masquée par des buissons. J'ai passé là ma première heure de liberté, sentant la chaleur du soleil sur mes jambes à travers mon jean. J'ai essayé de démêler mes pensées embrouillées et conflictuelles.

Une chose était sûre, il fallait partir. De préférence avant le retour de Lucien. Mais j'étais terrorisée à l'idée de mener une vie normale. Je ne pouvais plus prendre un train ou un bus, tout me faisait peur. Je ne savais pas si rester enfermée dans la maison de fous me terrorisait davantage que de la quitter. Tout compte fait, j'ai décidé que j'allais partir. Rien que pour punir Lucien.

Ils m'ont pesée le vendredi matin. Bien sûr, je n'ai pas dormi de la nuit à cause de la balance. Je n'en croyais pas mes yeux, les méchants chiffres verts luisants là à mes pieds : quarante-cinq kilos huit cents grammes. Lucien avait laissé des instructions très strictes, ainsi qu'il m'avait prévenue tout au début :

« Vous serez libérée à quarante-six kilos », avait-il dit, « et ça ne veut pas dire quarante-cinq et huit cents grammes. » Le plus étonnant c'est que j'étais presque soulagée.

Vendredi 21 juillet.

Quarante-cinq, huit cents, j'ai écrit, *et pas dévastée.*

On m'a libérée le Mardi 25 Juillet. Deux semaines avant le retour de Lucien. Je lui ai laissé un mot, *Ça y est. Je l'ai fait. Je m'en vais. Au revoir*. Et puis j'ai ajouté en bas de la page à droite, d'une écriture minuscule :

Au secours.

Chapitre 15

Après avoir quitté l'hôpital, je devais « maintenir les quarante-six kilos » comme disait Lucien. Bien sûr, je ne pouvais pas. Donc tous les mardis matin je superposais davantage de vêtements pour affronter Lucien et la balance. Il ne regardait jamais mes mains. A ma main droite, l'articulation de l'index était écorchée, à vif. C'était une plaie qui ne cicatrisait pas, faite par mes dents du haut. Et si je retournais la main pour regarder la base de l'index, je pouvais voir un cal d'environ un centimètre à l'endroit précis où les dents du bas frottaient, quand j'enfonçais implacablement mon doigt au fond de la gorge, chaque fois que j'avais été assez faible pour manger.

Bientôt je suis descendue à quarante-trois et demi. Je ne pouvais rien y faire. J'étais sur un toboggan de foire. De plus en plus vite je fonçais vers le bas, dans une spirale que je n'arrivais pas à arrêter. Ou bien dans un ascenseur qui descendait si vite que mon estomac se retournait. Les chiffres rouges qui défilaient au-dessus de la porte n'indiquaient pas les numéros d'étage, mais des kilos : 40, 39, 38, 37...

J'ai essayé d'écrire ce qui m'arrivait. Comme ça je me donnais l'impression de maîtriser la situation.

La roue du supplice dans la salle de bains est une balance électronique, couleur bleu pâle et l'air inoffensif. Tous les matins et tous les soirs les bourreaux m'entourent. Nue, osant à peine respirer, j'appuie de l'orteil sur le bouton. Une, deux, trois longues secondes d'angoisse et puis le double zéro rouge s'allume. Je retiens ma respiration et je pose un pied puis deux.

43 kg 400 – O.K.

43 kg 200 – Mieux.

43 kg 600 – Ne panique pas, tu vas y arriver.

43 kg 800 – Contrôle-toi – tu dois manger moins, ça ne va pas te tuer (mais si).

Peut-être fais-tu de la rétention d'eau.

44 kg 000 – Laisse-moi mourir maintenant, s'il te plaît. Je me hais, je me déteste.

Le bourreau : Tu es coupable de manger.

Moi : Comment vais-je trouver la force de ne plus jamais rien manger ? Je ne peux plus, je ne peux pas, c'est trop dur.

Larmes et panique.

Voici une journée typique :

Moi : S'il te plaît, s'il te plaît, j'ai faim. Laisse-moi manger.

Le bourreau : Tu es stupide ou quoi ? Tu n'as pas vu ? quarante-trois – quarante-trois kilos ! Tu as presque un poids NORMAL. Ferme ta gueule. Descends à quarante-deux et là peut-être on verra.

Moi : Je ne peux pas continuer. Je n'ai pas la force. Il faut que je mange.

Le bourreau : Vas-y, mange, tu verras.

Une journée en enfer. Manger, vomir, manger, vomir – en me pesant avant et après pour être absolument certaine que les toutes dernières traces de nourriture sont bien parties.

Crise d'angoisse : Si tu manges et si tu vomis plusieurs fois de suite, comment savoir exactement le nombre de calories que tu as absorbées ?

Le bourreau :Tu dois apprendre à ne rien *manger, je te dis.*

Moi : Je ne peux pas vivre comme ça, je n'en ai pas la force.

Le bourreau : D'accord, d'accord, attends demain – mange, bouffe, bourre toi, vas-y, tu verras, demain tu pèseras quarante-trois kilos deux cents et LÀ, là tu vas vraiment vouloir mourir.

Moi : Oui, c'est ce que je veux vraiment. Mourir, vraiment mourir. Je n'en peux plus.

Le bourreau : Tu n'es même pas bonne à ça.

Moi : Qu'est-ce que je peux faire ?

Le bourreau : Est-ce que tu vas arrêter de manger, oui ou merde ?

Moi : oui – oui – oui – oui, merde – merde – merde, c'est tout ce qui reste. Tout est de la merde.

Le bourreau : Tu manges trop. Tu crois que je ne te vois pas ? Tu ferais mieux de faire attention. Ce matin la balance a affiché quarante-trois kilos – alors tu feras quoi *exactement demain si elle affiche quarante-trois kilos deux cents, hein ? Ce matin tu as mangé un bout de pain. Et à midi tu as mangé un yaourt. Tu crois que je vais te laisser faire ? Non, c'est trop facile. Attends un peu demain. Et n'oublie pas, hier tu n'as vomi à peu près que la moitié. Je te surveille – et si demain elle affiche quarante-quatre eh ? Qu'est-ce que tu feras ? Qu'est-ce que tu crois ? Tu te laisses aller. Tu ferais mieux d'arrêter de manger tout de suite. T'es trop faible, c'est ça ton problème – tu ne veux pas avoir faim et froid tout le temps – mais tu n'as rien sans rien – faut savoir ce que tu veux. Descendre à quarante-deux kilos. (C'est pas merveilleux, dix sur vingt, mais c'est un début.) Oui, descendre à quarante-deux kilos. Ça te prendra qu'une semaine. Il suffit d'arrêter de manger.*

Moi : Je ne peux pas. Je ne peux pas. Je ne peux pas continuer à vivre comme ça. C'est trop dur.

Le bourreau : D'accord, c'est quarante-trois kilos deux cents. Il va falloir le supporter. Essaie pour voir...

Moi : ARRÊTE ARRÊTE je ne peux pas je ne peux pas continuer.

Tranxène et Noctran.

Laisse-moi dormir dormir dormir, pour toujours. (Et si tu dors tout le temps tu maigriras.)

Laisse-moi avaler les comprimés, s'il te plaît, mon Dieu, laisse-

moi dormir toute la journée et toute la nuit. S'il te plaît, fais que ça s'arrête. Laisse-moi mourir.

Moi : S'il te plaît, laisse-moi manger, des épinards, un yaourt.

Le bourreau : Non.

Moi : Oui.

Le bourreau : Non...

O.K. maintenant tu l'as mangé, tu sais ce qu'il te reste à faire.

Visage dans les chiottes. Doigt au fond de la gorge, en tenant les cheveux avec la main gauche. « S'il te plaît, mon Dieu, s'il te plaît fais que je sois vide. » Ça fait mal, ça fait mal, mon ventre me fait mal. Du sang, il y a du sang, je dois être vide.

Retour à la balance. Vérification.

Moi : S'il te plaît, mon Dieu, s'il te plaît, laisse-moi mourir.

Le bourreau : Tu n'es pas encore assez maigre.

Tranxène, Ludiomil, Dioxène, Stilnox.

Dormir.

Le bourreau : Demain tu peux recommencer.

Dans un de ses rares moments de gentillesse, Lucien m'a dit :

« Je sais. Il y a un camp de concentration dans votre tête. »

Chapitre 16

Je m'étais échappée pour retomber dedans aussitôt. Dès que j'étais libre de manger comme je voulais, je ne pouvais plus. Je me suis retrouvée enfermée. Que la bataille recommence. Il n'y avait pas de fin. Ma dépendance vis-à-vis de Lucien s'est intensifiée avec cette nouvelle incarcération. Ainsi que sa détermination à gagner. Tous les coups étaient permis. Maintenant on savait tous les deux que c'était une lutte à mort. Ni l'un ni l'autre n'essayait d'appliquer de fins raisonnements psychologiques. J'étais un cochon à engraisser dans sa cage. Il était le Dr vétérinaire Blanc. J'étais un bébé négligé dans un orphelinat. Il n'y avait qu'une seule chose qui comptait, mon poids. Pour le reste, il ne voulait pas savoir.

J'avais perdu tout espoir de m'échapper de cet enfer par mes propres moyens. Si le Dr Blanc me disait que lui seul pouvait m'aider, que malgré la dureté de ses conditions, sa méthode allait marcher, j'avais besoin de le croire. Tandis que je m'accrochais à lui désespérément, il s'en servait comme d'une arme. Fréquemment il m'abandonnait plusieurs journées d'affilée. C'était devenu invivable. Et même quand il venait me voir, il était glacial. Il se tenait près de la porte, les bras croisés, et il me regardait à travers la pièce.

« Est-ce que vous avez quelque chose à me dire ? » Mon Dieu, je ne trouvais pas mes mots. Je luttais intérieurement entre l'immense soulagement parce que au moins il était là –

même s'il était en colère – il était là, et la rage. Une rage blanche aveuglante, incontrôlable.

« Espèce de méchant petit con », je pensais, « qu'est-ce que j'ai encore fait ? » Souvent, je ne savais même pas pourquoi j'étais punie. Il se fâchait maintenant si je disais quelque chose qui, selon lui, prouvait que mes intentions n'étaient pas ce qu'elles devaient être. Qu'en fait, j'étais venue là pour mourir.

« Confortablement et en paix », avait-il dit. Eh bien, il n'allait pas me laisser faire. Si je devais mourir ça ne serait pas confortable. Donc ma souffrance et ma rage ne le concernaient pas. Froid, les bras croisés, le dos contre la porte, il attendait.

« Salaud, sadique », je rageais intérieurement, « aide-moi, aide-moi, parle-moi, s'il te plaît, ne me laisse pas seule. » Mais je ne pouvais rien dire. Je restais assise sur le couvre-lit vert et je surveillais de près ses moindres mouvements quand il faisait demi-tour, comme dans un film au ralenti, puis traversait la porte en la tirant fermement derrière lui. A cet instant précis je m'effondrais. Pas devant lui. Pour pleurer j'avais des heures, des journées entières devant moi. Mais le ver de terre s'est rebiffé.

Le système de récompenses et de punitions faisait que parfois, si je maintenais le poids exigé d'avance par Lucien, j'avais le droit de voir mon mari pour une période limitée, le samedi matin. Même ça c'était indexé à mon poids. La durée de la visite pouvait varier entre trente minutes et deux heures.

C'était vendredi soir et une fois de plus Lucien n'était pas venu me voir comme promis. J'essayais d'exprimer ma peine en écrivant tout, clairement et en détail. Quelque chose de très différent est apparu :

RAGE, en majuscules

RAGE, encore plus grand

RAGE, en lettres noires et énormes, remplissant presque toute la page. « *Je me tire d'ici* », ai-je ajouté. J'ai commencé par écrire une lettre d'adieu à Lucien. Je n'étais pas sûre de le voir avant de partir, et je n'allais pas le laisser s'en sortir sans lui faire savoir qu'il était allé trop loin. « Sauf que », je pensais, « c'est moi qui m'en vais, très loin. »

Le lendemain matin je me suis habillée. Je n'avais pas porté de vêtements depuis si longtemps. Ils pesaient trop lourd. J'ai essayé mon manteau pour voir. Comment font les gens pour porter tout ça sur le dos toute la journée ? Il ne m'est pas venu à l'esprit que j'étais très faible. J'ai mis mes bottes avec une intense satisfaction. Des bottes noires avec des boucles en métal, dures, agressives. Ma main a tremblé quand j'ai appliqué mon rouge à lèvres et relevé mes cheveux, mais dans la glace je ressemblais presque à une vraie personne. Je m'en allais. A ce moment précis mon mari est arrivé, et je lui ai tout dit. Je ne lui ai pas donné le choix. Ma valise était faite. S'il ne m'emmenait pas avec lui, j'allais faire du stop. Il n'a pas eu l'air enchanté et est parti chercher Lucien, qui évidemment n'était pas venu la veille, donc n'avait pas pu lire ma lettre. Je l'ai posée bien en vue sur mon lit et j'ai attendu, bien à l'abri dans ma tour de rage.

Pendant ce temps les infirmières essayaient frénétiquement de contacter Lucien. Le temps s'écoulait. Dans dix minutes le taxi allait arriver et j'allais être dedans. Enfin Lucien a fini par arriver. Il n'a pas eu besoin d'explications. Le manteau, la valise, les bottes. Ses yeux se sont posés sur moi une fraction de seconde, puis se sont détournés presque immédiatement. Je ne comptais pour rien. Quantité négligeable. Il n'a même pas essayé de me parler.

« Soit vous la laissez ici », a-t-il dit à mon mari, « soit vous la faites interner dans un hôpital psychiatrique à Paris. » Un cochon en cage. Je me suis précipitée vers la porte. Lucien la tenait fermée derrière son dos.

« Vous pouvez me tabasser si vous voulez », a-t-il dit, « ça ne changera RIEN. » Il a dû s'écarter à la dernière minute parce que je me suis retrouvée dans le couloir. J'ai tourné à droite et je suis entrée dans une vilaine petite pièce aux murs de couleur brune le long desquels étaient disposées des banquettes couvertes de plastique orange. Je venais de me rendre compte de ce que signifiaient ses paroles. Est-ce qu'il croyait vraiment que j'étais capable de cogner sur quelqu'un ou sur quoi que ce soit au monde ? Et encore moins sur lui. Il avait tenu bon quand même : une folle furieuse fonçait sur lui et il disait ça. Je l'imaginais, dans le rôle du plus petit dans une cour de récré.

« Tu peux me tabasser si tu veux », il aurait dit, « ça ne changera RIEN. » Et il se serait relevé, victorieux, malgré la lèvre coupée et le nez en sang. Avec lui, certainement ça n'aurait rien changé. Têtu, dur, il n'aurait jamais cédé.

Je suis retournée dans la cellule. Face à une opposition manifestement très forte, il a décidé de changer de tactique. Il n'était pas stupide, Lucien Blanc.

« J'ai décidé », a-t-il dit, « de vous laisser partir pour le week-end. A condition que vous me promettiez d'être de retour lundi matin. Vous allez vous mettre ceci dans la tête », il a marqué une pause, « Vous êtes une toxicomane. Vous êtes accro à l'anorexie. Vous ne pouvez pas rentrer chez vous et vivre comme ça. Vous vous shootez à l'anorexie. Vous devez comprendre ça une fois pour toutes et revenir ici lundi, vraiment décidée à changer. A commencer une cure de désintoxication. »

Toxicomane, mon œil. Au moins ils ont leurs moments de nirvana. Moi, je n'en avais certainement pas . Le taxi est venu et je suis partie sans lui donner la lettre qui est restée sur le lit. J'ai passé un week-end en enfer. Manger, vomir, manger, vomir. Je ne pouvais pas vivre comme ça, il avait raison. Mourir à la maison. Mourir dans la cellule.

Le lundi matin j'étais de nouveau enfermée. Je l'ai attendu toute la journée. Le soir j'ai écrit en toutes petites lettres :

Il n'est pas venu. J'aurais aimé qu'il vienne. Après tout, moi je suis revenue. Je n'ai même pas remarqué que j'avais écrit *j'aurais aimé* et non pas *je veux.*

Chapitre 17

Lucien est devenu ma maman. Une méchante maman qui me laissait seule et malheureuse et qui se fichait complètement de moi. Le bébé perdu en moi avait tant besoin de sa présence, il était si dépendant et sans recours que je vivais recroquevillée sur le lit, dans un état de désespoir irrémédiable, coupé par des flambées de rage envers son comportement dur et insensible.

Il arrivait tôt tous les matins vers sept heures trente. Sa voiture était garée en vue de ma fenêtre dans un emplacement réservé. En lettres blanches sur fond noir il y avait écrit : « Dr Lucien Blanc ». Sa voiture, française et de petite taille, lui ressemblait, sauf que lui n'était pas peint en gris métallisé. Tous les matins j'attendais anxieusement son arrivée et je le regardais entrer dans le bâtiment. Toute la journée je vérifiais que la voiture était toujours à sa place. Tant qu'elle était là je pouvais espérer qu'il viendrait me voir. Il partait rarement avant vingt et une heures.

Cette fois-là, il m'avait abandonnée depuis plusieurs jours. L'angoisse montait, il allait sûrement venir aujourd'hui, ce n'était pas possible qu'il me laisse seule plus longtemps. J'écoutais, mes yeux constamment tournés vers la porte. Mon cœur s'emballait pour s'arrêter net chaque fois qu'une infirmière entrait. Pour la centième fois j'ai vérifié que sa voiture était là, juste à temps pour la voir disparaître dans le tournant.

Il est parti... il m'a laissée... aide-moi... aide-moi.

Je suis devenue subitement si faible que j'ai failli tomber à genoux. Mes yeux ne pouvaient pas pleurer, je ressentais une brûlure acide dans le nez et au fond de la gorge. Comment a-t-il pu ? Comment comment a-t-il pu ? Je ne peux pas... je ne peux pas... je ne peux pas...

Je n'arrivais pas à penser, j'étais saturée, inondée, noyée dans une désolation totale. Je me désintégrais comme un Kleenex mouillé. J'ai ouvert le placard et j'ai sorti tout mon stock de chocolat interdit. Je me bourrais, je me gavais, je me fourrais tout ce que je pouvais dans la bouche, ne me quitte pas ne me quitte pas ne me quitte pas.

J'aurai avalé n'importe quoi, vraiment n'importe quoi pour remplir cet immense vide atrocement douloureux que j'avais en moi. J'ai besoin de toi, j'ai besoin, de toi de toi de toi... Sans attendre une seconde j'ai ingurgité l'eau chaude obligatoire et j'ai vomi violemment et à maintes reprises dans les toilettes, jusqu'à ce que je ne tienne plus debout et que mon visage devienne cendreux d'épuisement. J'étais sur le lit, exténuée, les bras pliés sur le ventre quand une infirmière est entrée.

Elle s'appelait Hélène. C'était une grande brune, le teint jaunâtre et les lèvres pincées. Elle n'aimait pas les anorexiques. « S'il ne tenait qu'à moi » disaient ses yeux. Mais même elle pouvait voir que quelque chose n'allait vraiment pas.

« Il y a quelque chose qui ne va pas ? » Je ne voulais pas montrer, ni à elle, ni à personne jusqu'où j'étais tombée.

« Est-ce que Lucien Blanc a laissé un message pour moi ? » ai-je dit avec difficulté. « Qu'est-ce que c'est que ces bêtises ? » lancèrent ses yeux dans un éclair.

« Je suis sûre que le *Dr Blanc* a mieux à faire que de laisser des messages pour les patientes. »

Je pensais que j'allais chuchoter « Je ne l'ai pas vu depuis trois jours », mais c'est sorti différemment, noir, rouge, brûlant et totalement furieux. Je me suis levée.

« Au moins il aurait pu me dire qu'il partait tôt, il sait très bien ce qu'il fait. J'en ai marre de ses conneries. Je m'en vais. » Je me suis agrippée au pied du lit pour soutenir mes genoux flageolants. Les articulations de mes doigts étaient blanches par la force de ma rage.

« Vous êtes malade mentale ! » m'a-t-elle lancé, comme une gifle. Je n'ai pas hésité une seconde :

« Bien sûr, comme vous êtes intelligente. C'est pour ça que je suis enfermée dans cette maison de fous, sinon je serais là-bas en orthopédie avec un plâtre. »

« Se mettre en colère », a-t-elle dit, glaciale, « c'est un comportement de petite fille. »

Espèce de vache, de connasse, de fruit vert, suceuse de citron avec ta bouche en cul-de-poule, pourquoi fais-tu ce boulot ? Je rageais intérieurement, mais rien n'est sorti. C'était la « petite fille » qui m'avait démoli. Si seulement je pouvais être aussi grande. S'il te plaît s'il te plaît ne me laisse pas encore seule toute la nuit et toute la journée et encore sans fin maman maman s'il te plaît ne me laisse pas j'ai besoin de toi je ne peux pas je ne peux pas j'ai besoin je ne peux pas rester seule encore toute la journée et toute la nuit viens maman s'il te plaît maman s'il te plaît maman maman. Je me suis affaissée sur le lit, les larmes ruisselaient sur mon visage, mais heureusement je n'avais pas dit un mot.

Le lendemain soir, j'ai raconté toute la triste histoire à Lucien. Sauf le chocolat, bien sûr. Et que j'étais maintenant dépendante même de sa voiture. (Je tenais à garder mes derniers vestiges d'amour-propre.) Il m'a dit que je ne m'améliorais pas. Que je ne faisais aucun progrès. Que j'étais en train de *mourir*, a-t-il souligné avec colère. J'allais cre-ver, est-ce que je voulais bien me mettre ça dans la tête ?

Chapitre 18

Je voulais mourir. Non, c'était pire que ça. C'est Lucien qui l'a dit.

« Vous avez besoin de mourir. » J'avais désespérément besoin de mourir. Et Lucien, qui ne voulait vraiment pas que ça m'arrive, qui avait décidé de m'en empêcher, qui était prêt à tout, même à utiliser la force s'il le fallait, ce même Lucien, qui était absolument décidé à faire tout ce qu'il jugeait nécessaire pour me tirer, même hurlante, de nouveau vers la vie, était en fait en train de me pousser de plus en plus profondément dans le noir.

Je regardais tomber la neige. *Je meurs de tristesse*, j'ai écrit, *Je suis complètement seule. J'ai besoin qu'on m'aide et il n'y a personne.* Je passais des heures parfaitement immobile, à regarder la neige. Je sentais son silence menaçant. Je ne supportais plus de vivre une heure de plus. Je me serais suicidée, mais je n'en avais pas le moyen. Je le lui ai dit. Il a parcouru attentivement toute la pièce du regard et m'a dit qu'il voyait plusieurs façons de le faire, mais qu'il n'en dirait rien. Peut-être avait-il directement observé tous les cas de figure ? Il y avait assez de traces de violence dans cette chambre. C'est le lit qui portait le plus de cicatrices, mais les murs avaient été pas mal tabassés aussi. Et il n'y avait pas de rideau, malgré le cordon qui pendait. Peut-être que je pourrais me pendre ? Mais je ne voulais pas le faire de cette façon. Je préférais ma méthode. *Je meurs de tristesse et de faim*, ai-je écrit. J'ai demandé à Lucien « de me droguer à mort ». J'ai utilisé ces termes-là, sans réaliser qu'en fait, c'était précisément ça que je voulais. Il a probablement compris, mais il a quand même rallongé la liste de mes médicaments d'une façon impressionnante. Ça n'a rien changé. Il m'a dit qu'il voulait me faire comprendre, viscéralement *comprendre* que j'étais mourante. Il voulait me faire voir un trou noir dans la terre.

« Mais ne sautez pas dedans », il m'a dit, « reculez. »

Il m'a dit qu'il était désespéré. Que si je continuais comme ça il allait me transférer en réanimation. Je lui ai dit qu'il ne pourrait pas. J'arracherais les perfs. Devant moi il a dit à mon mari que ma vie était en danger. Que mon cœur risquait de s'arrêter à tout moment, qu'il fallait regarder les choses en face. J'étais d'accord. J'avais besoin de mourir.

« Est-ce étonnant ? » je lui ai demandé, « je n'ai jamais été si complètement seule et désespérée. » Comment vouloir vivre dans les conditions qu'il m'infligeait ? *Si vous me laissez comme ça, je vais mourir. De malheur, de solitude et de tristesse. Vous m'avez volé ma vie*, je lui ai écrit.

« Vous êtes amoureuse de la mort », il m'a dit. La mort était ma seule échappatoire. Elle devenait de plus en plus nécessaire et désirable.

Lucien a interrompu les visites de mon mari.

« Je vous permettrai de le voir seulement si vous pouvez me démontrer que vous faites un effort pour aller vers la vie », m'a-t-il dit, « tant que vous continuez d'avancer vers la mort, vous ne le verrez pas. Je ne veux pas que vous preniez ça comme une sanction » a-t-il ajouté.

« Mais non », j'ai dit, « bien sûr que non. Si je comprends bien, vous l'avez transformé en drapeau. Si je commence à penser comme vous le voulez, et vous, oh vénérable docteur, vous êtes évidemment le seul juge quant à mon état d'esprit, alors on va faire monter sa présence en haut du mât, tel le drapeau de Buckingham Palace qui signale la présence de la

Reine. Et si je ne me mets pas à penser comme vous, pas de drapeau, ou plutôt, pas de mari. » Bien sûr que j'étais amoureuse de la mort. Elle était mon seul réconfort. De quelle autre manière pourrait-elle finir, cette histoire ?

L'aumônier de l'hôpital est venu me voir. C'était interdit, il le savait, mais il voulait me voir au moins une fois. Il a tiré la chaise tout près de moi et m'a regardée solennellement. J'ai fait de même. Il avait une cinquantaine d'années, le teint rouge et des petits yeux bleus derrière ses lunettes. Il portait un blazer bleu marine et une chemise blanche d'une propreté douteuse. Il avait une grande tête ronde, avec des cheveux bruns clairsemés. « Très intéressant », pensais-je, il avait une sorte de substance jaune vif, une couche de pâte desséchée ou bien une espèce de poudre, étalée sur tout le cuir chevelu. Je ne pouvais m'empêcher de la regarder. « Est-ce une sorte d'engrais », je me demandais, « un nouveau remède miracle contre la chute des cheveux qu'il a découpé dans un magazine ? Ou peut-être avait-il des poux ? Est-ce que des poux pouvaient survivre dans un environnement si exposé ? Est-ce qu'ils risquaient de mourir de froid, ou bien allaient-ils se plaindre d'être obligés de vivre dans de telles conditions de surpeuplement ? Dix mille par poil. Peut-être n'a-t-il pas bien rincé son dernier shampooing à l'œuf ou bien souffre-t-il d'une maladie contagieuse du cuir chevelu... »

Il disait quelque chose. Je n'ai rien entendu. Qu'est-ce qu'il a dit ? Il a recommencé.

« Est-ce que je savais que j'allais mourir ? »

« Oui, mais ce n'est pas grave », l'ai-je assuré, « ça ne fait rien. » Je ne voulais pas qu'il s'inquiète pour moi. Il m'a demandé s'il pouvait revenir, il demanderait la permission au Dr Blanc. J'espérais qu'il allait le faire. Pas parce que je voulais lui parler. Je pensais mettre Lucien devant un dilemme moral. Entre d'une part l'absolue conviction qu'il fallait m'enfermer seule « pour mon bien », et d'autre part la culpabilité qu'il ressentirait en me refusant l'accès à un membre du clergé.

Peut-être n'a-t-il rien demandé ou bien Lucien ne croyait pas aux dilemmes moraux, parce que l'aumônier n'est jamais revenu.

J'écrivais de plus en plus sur la mort et en particulier la mort que je portais en moi. La mort en moi était noire et noueuse. Elle prenait toute la place, avec des racines et des formes torturées, sombre et luisante comme un arbre ancien, noir et à moitié fossilisé dans un marécage fétide. Mais la mort en dehors de mon corps, la mort que j'implorais de m'emmener avec elle, cette mort-là était belle.

Il y avait des pages et des pages à son sujet. Je l'ai décrite en train de m'attendre au fond d'une vaste et morne piscine, beaucoup plus difficile à atteindre que je ne l'avais pensé. Je n'arrivais pas à couler, l'eau me retenait. J'allais tendre les bras aussi loin que possible vers le fond pour toucher les carreaux froids et blancs. Je voulais lui prendre la main pour voir si elle allait me tenir et me tirer au fond. Et à ce moment-là je pourrais soit remonter vers la surface, m'ouvrant comme une fleur chinoise en papier, tandis qu'elle, elle resterait dissimulée parmi les ombres du fond, soit couler avec elle pour rester là à jamais, mon corps étendu face contre les carreaux, bras et jambes en croix, comme une poupée cassée.

Il y avait un poème qui commençait ainsi :

Ne me quitte pas, ma mort,

s'il te plaît, s'il te plaît... J'écrivais *la mort, l'amour, la mort, l'amour....* Lucien essayait de me faire comprendre que la mort voulait dire cadavre, enterrement et tombe. Je rêvais de paix, d'eau, de voiles doux et diaphanes, et de bras tendres qui m'entouraient.

Chapitre 19

Il m'a encore punie. Quatre jours. Je n'ai jamais su ce que j'avais fait. Il m'avait dit qu'il allait venir avec le grand chef endocrinologue pour parler d'une série d'examens. Le grand chef est entré en coup de vent, l'air jovial, la blouse blanche battant autour des jambes. Lucien ne portait jamais de blouse blanche. Peut-être qu'on ne les fabrique pas assez petites. J'ai écrit plus tard, *Je* déteste *cet air jovial que prennent les médecins quand je me sens si peu joviale moi-même.* Il a quand même vu que sa bonne humeur me faisait sombrer encore un peu plus et il a ajusté son visage en conséquence.

Lucien était odieux. Les bras croisés, il me regardait d'un air mauvais, les yeux noirs d'une colère non dissimulée. Il n'a presque rien dit, laissant son collègue déverser des flots de paroles où il était question de prises de sang, de courbes de température, de métabolisme – et puis il a fait un demi-tour quasi militaire, Dr Meinoberleutnant Blanc, et il est parti.

Je n'avais pas la moindre idée de ce que j'avais dit. J'ai eu quatre jours quand même. Quand il a fini par venir, je l'ai affronté. Il m'a informé que j'avais raconté n'importe quoi, ce qui, selon lui, prouvait que j'étais, et je cite, « folle ». Donc il a appliqué la peine. Il a refusé de me dire ce que j'avais dit exactement. Je n'en ai toujours pas la moindre idée. Mais quelque chose avait changé. Je ne me fâchais plus. Par contre je devenais de plus en plus suicidaire. Je ne voyais aucune porte de sortie. Je savais que manger et atteindre quarante-six kilos n'était pas une solution. Je savais que je ne pourrais jamais les maintenir. Dans un moment de faiblesse, même Lucien l'a admis.

« Je dois être fou, je ne devrais pas vous dire ça », a-t-il dit.

J'avais commencé ma collection. Dans quelques jours c'était mon anniversaire et je savais que je ne pourrais pas le vivre. J'avais amassé, non sans difficulté, un stock secret de comprimés de Valium. Je devais en prendre toutes les quatre heures et c'était dur d'en mettre de côté. Je regardais mon petit tas bleu et je calculais que le jour de mon anniversaire il y en aurait assez. Joyeux anniversaire chère moi. D'une certaine façon ça me paraissait très approprié de se suicider le jour de son anniversaire, ça faisait net comme un compte rond, achevé – c'est le cas de le dire.

Lucien est venu la veille. Je lui ai dit que c'était décidé, soit il me laissait partir le lendemain soit je me suicidais. Il ne m'a pas demandé de quelle façon je pensais le faire. Pas de fouille frénétique pour trouver ma réserve secrète. Pas de questions. Bien sûr, il n'était pas tellement étonné. Il m'a dit qu'il ne me laisserait pas partir. J'ai répondu que ça m'était égal, j'allais partir de toute façon. Qu'il n'était pas question de vivre encore un anniversaire.

Il a fait un marché avec moi. Le lendemain, par le moyen d'une perfusion il allait me faire dormir toute la journée et encore toute la nuit si je lui promettais que je ne me tuerais pas. *Si je ne peux pas mourir réellement*, j'ai noté, *au moins j'aurai une répétition, une petite mort.*

Il est venu le lendemain matin « pour dire bonne nuit à la Belle au Bois Dormant ». J'avoue avoir été secrètement contente, parce que de ma vie je ne m'étais jamais sentie si peu jolie, et encore moins belle, endormie ou pas. L'aiguille était déjà dans la veine et j'étais paniquée à l'idée que ça n'allait pas marcher. C'était insoutenable. Je ne pouvais pas vivre encore une minute. Je lui ai dit :

« Vous m'avez promis une petite mort », et à ma grande surprise il a éclaté de rire. Toujours très amusé, il m'a souri.

« Est-ce que vous savez ce que vous venez de dire ? »

« Je n'en ai pas la moindre idée », ai-je réussi à marmonner. Au moment même où je basculais dans le noir, cela m'a très contrariée de l'entendre dire :

« Vous venez de me demander de vous donner un orgasme. »

C'est la première chose qui m'est revenue à la mémoire en plein milieu de la nuit quand je me suis réveillée. Ça ne m'a pas fait rire. Peut-être avais-je perdu mon sens de l'humour. Peut-être avais-je tout perdu. Il fallait finir la nuit sans autres drogues ni somnifères. J'étais déjà à la limite de ce que je pouvais prendre. Mais je n'arrivais toujours pas à dormir.

J'ai traversé le reste de la nuit comme j'ai pu. Et le lendemain. J'ai tout supporté, même la nourriture. Je n'ai pas protesté. Je ne me suis pas fâchée. J'ai fini par sortir à quarante-six kilos et par rentrer chez moi. Tout ça était une immense et grotesque blague. Ça n'avait pas de sens. Je me savais condamnée à la balance et à la faim, aux vomissements et aux drogues jusqu'à la prochaine fois. Il n'y avait pas de fin. Sauf qu'une toute petite chose avait changé. Mais sur le moment je n'ai pas réalisé ce que ça voulait dire. Ou même ce que ça pouvait vouloir dire. Lucien a tellement insisté, me répétant constamment que c'était ma seule chance, il m'a dit :

« Vous devez le faire, c'est devenu mon obsession. »

J'ai commencé une analyse.

Chapitre 20

Ses mots sont tombés sur le tapis bleu. Des petits bouts de cristal taillé, éparpillés loin du divan. Je les ai regardés avec tant de plaisir. Il y en avait un petit tas serré tout près de mon pied, prolongé d'une longue cascade qui se répandait jusqu'à la bibliothèque. Là, ils devenaient de plus en plus rares, ils attiraient la lumière et étincelaient de bleu et d'argent. Je ne pouvais pas les écouter, seulement les regarder. Ça me faisait du bien, bercée par la vue des cristaux, réconfortée par de belles pierres. Mais c'était du gaspillage, les mots sont faits pour être entendus. J'étais là pour ça et en plus c'était très impoli. Je nous faisais perdre notre temps. Qu'est-ce que je faisais là à regarder des mots. Écouter. J'aurais dû écouter. Je ne pouvais pas, je les ai perdus. Ce n'était pas grave, je les ai quand même regardés. Des cascades de cristaux sur le tapis bleu.

Il n'y avait rien de laid. Les couleurs étaient bleu, blanc et rose avec des livres et des bougies, des fleurs et du parfum, en été du soleil et des châles doux en hiver. Il y avait des mots. Mes mots. Déchiquetés et cassés et blessés. Couverts de bleus et hésitants, effrayés et incertains. Et les siens, lisses et doux et ronds. Jamais de trou effrayant de silence dans lequel je risquerais de tomber, sans jamais pouvoir en sortir.

Je ne me rappelle pas la première fois, sauf qu'elle était habillée en rouge et noir avec une fine ceinture en argent ciselé. C'était en septembre et il faisait doux, mais je portais de la laine. De la laine grise et noueuse. Un pull à la mode, tout étriqué et près du corps. En anglais on appelle ça un « skinny rib » – c'est-à-dire un pull à côtes maigres. Ça me décrivait mieux que le pull. J'ai probablement raconté mon histoire. On m'a enfermée. J'étais anorexique. Je ne voulais pas être de nouveau enfermée. Mentalement j'étais engourdie et physiquement je me sentais battue. Mais en fait, on m'avait battue mentalement et c'était mon cerveau qui était couvert de bleus. Il n'y avait pas de marques sur mon corps, mais c'est vrai que j'en faisais largement assez de ce côté-là. Il a fallu la maison de fous pour que même mon cerveau cesse toute résistance à force de coups.

Donc, quatre fois par semaine je montais les escaliers et j'appuyais sur la sonnette ouvragée. Au début, j'étais à peine capable d'écouter ce qu'elle me disait. J'étais simplement contente d'être là, jour après jour, tandis que petit à petit, elle commençait à soigner mes blessures. Lentement, mon cerveau s'est mis à sentir des émotions, à revenir à la vie. Parfois je ne faisais que pleurer, et il y avait une boîte de Kleenex. J'étais émue même par la boîte de Kleenex. Elle signifiait c'est d'accord tu peux pleurer si tu veux. Pleure, tu n'es obligée à rien. Aux murs les tableaux étaient remplis de mouvement, de couleur et de soleil. Rien de sombre, ni de triste, ni de laid. Rien du tout. Graduellement j'ai cessé de retenir mon souffle.

Mais il n'y a pas eu de miracle. Je ne pouvais toujours pas manger. J'ai replongé. Je suis retombée dans la maison de fous. C'était encore pire qu'avant. Si vous avez échappé à vos tortionnaires, la pire chose au monde qui puisse arriver c'est d'être capturé à nouveau. C'est bien pire que la douleur elle-même. J'ai lu un récit écrit par quelqu'un qui a été physiquement torturé par ses ravisseurs, jour après jour. Il a dit que le pire de tout était l'attente avant que ça ne recommence.

Je ne me rappelle plus la dernière fois que l'on m'a enfermée. J'ai presque tout refoulé. Je pense que l'on m'y a conduite en voiture. Et qu'il neigeait. Il a fallu six heures pour y arriver, six heures d'angoisse. Je me souviens de la cellule parce qu'elle était pareille que l'autre, mais tournée dans l'autre sens. C'était la cellule voisine de l'ancienne. Le même couvre-lit vert, la même fenêtre à cadre d'acier. La même table et la même chaise. Probablement le même plateau. Certainement le même Lucien. Je ne me rappelle pas comment il m'a accueillie. Ni même s'il était là. Il me semble qu'il a toujours été là les jours d'incarcération. Soyez la bienvenue. Son visage était probablement très soigneusement neutre. Les yeux ni souriants ni fâchés. Qui va gagner cette fois ?

Je ne me souviens même pas du moment où il a prononcé le verdict. Ni de l'afflux de plaisir à la vue du chiffre si bas affiché sur la balance malgré tous les vêtements, ni de la peur ni de l'appréhension à l'idée d'être obligée, une fois de plus, de vivre ce qui était devenu invivable.

Le très peu de temps que j'avais passé en analyse m'avait démontré, et non pas expliqué, démontré au plus profond de moi-même que d'être maltraitée n'était ni normal ni acceptable. Que la douceur, la gentillesse, le respect et la compréhension, non seulement existaient, étaient possibles, mais étaient même un minimum de base. Une espèce de trousse de survie pour les âmes perdues aux enfers, à utiliser à tout prix en attendant de s'en sortir, de se libérer et d'échapper à la torture. Les bourreaux dans ma tête suffisaient largement, je n'avais pas besoin que Lucien, même de bonne foi, se joigne à eux.

Mais c'était trop tard. Une fois la porte fermée, alors que je me trouvais recroquevillée sur le lit vert et chrome, quelque chose m'a quittée. Les derniers vestiges de révolte, les dernières traces de résistance ont disparu. Le refus de manger et le suicide n'étaient plus des armes. Je ne pouvais ni pleurer ni même parler. Il ne me restait qu'un petit souffle de voix. J'étais obligée de tout répéter plusieurs fois, personne ne m'entendait. Les infirmières m'oubliaient fréquemment.

Comme si je ne possédais plus assez de force psychique pour communiquer même un minimum d'existence. J'avais du chagrin quand elles m'oubliaient. Parfois, à quatre heures, l'une d'elles me demandait si je voulais du thé. « Oui », je chuchotais. Et elle ne revenait plus. Ma grande terreur c'était qu'elles oublient d'apporter le plateau. Ce n'est pas que j'y touchais quoi que ce soit, mais tout de même, je devenais très anxieuse s'il y avait du retard. J'avais peur d'être oubliée par tout le monde et pour toujours.

Mille fois dans mes batailles avec Lucien j'avais gardé bien à l'abri dans un coin de ma tête ce que je considérais comme mon arme suprême. S'il me poussait vraiment trop, je me mettrais en boule sur le lit avec mon singe et je le laisserais me regarder mourir, littéralement. Je ne prononcerais plus jamais un mot, je ne bougerais plus et je ne toucherais plus le moindre aliment. Et il serait totalement impuissant.

C'était le cas maintenant. Et je ne le faisais même pas exprès. Le plus dur était sans doute de m'être rendu compte pendant mes quelques semaines d'analyse qu'il y avait une autre façon de vivre, si cruellement tentante. Comme une merveilleuse fête de Noël, brièvement entrevue à travers une fenêtre par un petit orphelin affamé, dans un mélodrame victorien. Je restais sur le lit. Quand Lucien venait pour parler, et là il aurait bien voulu, je ne pouvais pas.

Il a tout essayé, principalement les drogues. Il avait au bout des doigts un immense éventail de magie chimique et il jonglait, il dosait et peut-être, c'est possible, il expérimentait. Rien. J'étais déjà partie. J'attendais que mon corps me suive.

Personne n'avait gagné. J'allais mourir là devant ses yeux, quoi qu'il fasse. Il a dû être frustré. Et je ne ressentais aucune satisfaction à glisser entre ses doigts. Je m'en fichais complètement de mon beau squelette. Je n'allais rien prouver à personne. Lui non plus.

C'était sûrement un samedi, parce qu'il parlait avec mon mari. J'écoutais, mais je m'en fichais. Il parlait d'électrochocs.

Il a dit qu'il avait tout essayé pour me sortir de cette « dépression ». Il ne restait plus que les électrochocs. Il était très convaincant. Pour cela, il expliquait qu'il aurait besoin de la permission de mon mari. Il lui fallait sa signature. « Vol au-dessus d'un nid de coucou », je pensais, « pourquoi pas une lobotomie pendant que vous y êtes ? » Mais je ne résistais pas. Je l'aurais laissé faire. J'aurais laissé n'importe qui faire n'importe quoi.

« Est-ce que vous serez là quand ils le feront ? » a demandé le fantôme du bébé qui avait habité dans ma tête. Il a hésité. J'ai appris plus tard que les médecins qui prescrivent ce traitement rechignent à y assister en personne. Ce n'est pas joli à voir. A voir. Et à moi, ça me fera quoi ? Je n'imaginais rien de bon. Mais je ne luttais pas.

« Est-ce que ça aura un effet sur ma mémoire ? »

« ...peut-être... un peu » il esquivait. Mon Dieu, s'ils m'enlèvent la mémoire, il ne me restera vraiment plus rien. Ça a touché une corde sensible.

« Non. » J'ai dit. Je ne sais même pas s'il m'a entendue. Ils sont partis. Je ne me rappelle plus rien. Je n'ai pas la moindre idée du temps qui s'est écoulé avant que Lucien ne revienne. Ça aurait pu être des heures ou des jours. J'ai ouvert les yeux.

Je me rappelle avoir pensé : « Pourquoi reste-t-il planté là avec des airs de maître d'école ? »

« J'ai décidé », a-t-il dit en prenant un air sévère, « que si vous me donnez votre parole d'honneur de faire tout ce que vous pouvez pour commencer à manger et atteindre quarante-six kilos aussi vite que possible... je vous laisserai partir... tout de suite. »

Je ne me rappelle pas si je le lui ai promis. Je ne me souviens de rien du tout. Comment suis-je partie ? Est-ce qu'on est venu me chercher ? En voiture ou par le train ? Est-ce qu'il y avait un taxi ? Est-ce que nous nous sommes dit au revoir ? Qui avait gagné ? Moi ? Lui ? Ou est-ce que nous avons perdu tous les deux ? J'étais toujours vivante, mais tout juste. Est-ce que c'était match nul ?

J'ai appris plus tard ce qui s'était passé. Mme Delaunay, mon analyste, était très inquiète. Depuis mon retour à St-Clément elle n'avait eu aucune nouvelle à mon sujet. Elle avait téléphoné à Lucien. C'était déjà un miracle qu'elle ait pu lui parler, parce qu'il était pratiquement impossible à joindre par téléphone. Elle a demandé de mes nouvelles. Il a expliqué qu'il était en train d'organiser une série d'électrochocs. Elle m'a dit qu'elle avait maîtrisé sa réaction d'horreur immédiate et elle qu'elle l'avait écouté expliquer que c'était ma dernière chance, qu'il avait absolument tout essayé. Je remercie le Ciel que la foi de Lucien Blanc en ses propres méthodes n'ait eu d'égale que sa foi dans le processus psychanalytique. Donc, quand Mme Delaunay a dit qu'elle prendrait l'entière responsabilité de tout ce qui pourrait m'arriver, s'il voulait bien me livrer à elle, il a été d'accord. Peut-être ne voulait-il pas vraiment appliquer les électrochocs. Il voulait probablement se débarrasser de moi. Je ne sais pas. Mais c'est comme ça que ça a fini. Et que moi, j'ai commencé.

Chapitre 21

J'ai repris le travail d'analyse. C'était dur. Il faut de l'énergie pour penser, et mon cerveau, comme mon corps, était privé de combustible. En plus, j'avais peur de tout. Je me souviens de Lucien Blanc, vers la fin de ma première incarcération. On venait de me donner la permission d'aller dans le parc de l'hôpital.

« Vous devriez prendre le tram et aller visiter le musée d'art moderne », m'avait-il dit, « ça en vaut la peine ».

A cette époque, je n'étais pas plus capable de prendre le tram seule pour aller en ville que d'aller sur la Lune. Une sorte d'amour-propre faisait que je ne voulais pas qu'il le sache, mais j'avais été trahie par l'expression de mon visage. Il a ri.

« Vous êtes toutes les mêmes... » (Qui ça toutes ? Toutes les anorexiques ou toutes les cinglées ? Je nous voyais, alignées devant nos portes grandes ouvertes, terrifiées) « ...personne n'y va jamais ».

Je ne pouvais pas me déplacer seule, je n'étais même pas capable d'introduire mon ticket dans les machines automatiques du métro. Tout me faisait peur. Au début c'étaient mes enfants qui m'accompagnaient chez Mme Delaunay. Une fois, alors qu'il n'y avait personne pour venir avec moi, ma fille a expliqué mon problème à son amie Stina, une jeune suédoise, et c'est elle qui m'a emmenée. Elle avait tout juste dix-sept ans, mais elle ne m'a jamais fait sentir qu'il pouvait y avoir quoi que ce soit d'étrange ni à mon sujet, ni dans la situation. Nous avons même pris un café ensemble, et elle m'a dit qu'elle trouvait les Parisiennes tellement élégantes :

« Elles ont l'air d'aller à une fête, toutes maquillées et si bien habillées, alors bien sûr maintenant je dois faire comme elles, mais qu'est-ce que c'est fatigant ! » J'approuvais du regard par-dessus ma tasse, de mes yeux soigneusement maquillés. Oui c'était fatigant. Je ne lui ai pas dit qu'à l'hôpital, seule dans ma chambre, je me peignais le visage en entier tous les jours, agrippée d'une main au lavabo, tenant le rouge à lèvres de l'autre. Sans cela je n'aurais pas existé.

Jour après jour donc, j'allais, non sans difficulté, voir Mme Delaunay, et au bout d'un certain temps, je suis devenue capable de prendre le train seule. Longtemps, aller seule à Paris et revenir a été une victoire quotidienne. Je prenais toujours exactement le même chemin et le même train. Je ne m'arrêtais jamais pour regarder une vitrine, et entrer dans un café était impensable. Si tu es enfermée seule longtemps, la prison est le seul endroit où tu te sens en sécurité.

Je continuais malgré tout à grimper les escaliers et à sonner à la porte, quoi qu'il arrive. Je pouvais à peine monter les marches, j'étais si faible. Ça me prenait dix minutes. M'agrippant à la rampe, je posais d'abord un pied et ensuite l'autre. Je préférais ça plutôt que de prendre l'ascenseur. On ne m'enfermera plus jamais nulle part. Jamais.

Je commençais à voir. J'avais passé ma vie entière à trébucher partout, les yeux fermés. Toujours en train de me cogner contre les meubles ou de tomber dans l'escalier. Voir pour la première fois fait peur. Mais je n'avais pas le choix. Une fois les yeux ouverts, c'était fait, je ne pouvais plus arrêter de regarder, de tout regarder sans discrimination. J'ai commencé par jeter un coup d'œil furtif à mon père. Entre mes paupières mi-closes j'ai louché sur ma mère. Rien ni personne n'a été épargné. J'ai regardé mes amies, j'ai contemplé ma famille, j'ai même longuement fixé mon mari. J'ai découvert un tas de choses. Des images bizarres sont apparues : des gâteaux aux fruits secs, des lapins écorchés et un bull-terrier rose et blanc qui s'appelait Cromwell.

J'étais intoxiquée, ivre de liberté. Si je voulais, je pouvais regarder le monde entier sens dessus dessous et à l'envers. J'ai regardé derrière des rideaux pleins de poussière et j'ai ouvert des portes. J'ai éclairé avec une lampe des caves et un labyrinthe de tunnels dans ma tête. J'allais mieux. Mon corps était menu et fragile, mais il était devenu assez normal pour ne choquer personne dans la rue. J'aurais presque pu porter une robe sans manches. Pas tout à fait. J'ai habillé mon nouveau corps avec soin. Il n'y avait pas de miracle, je n'étais pas en rouge, vert, ou orange, mais je n'étais pas systématiquement en noir. Parfois je portais du blanc ou du gris. Je me faisais plaisir en mettant un collier en or et corail avec un tee-shirt gris foncé. Mes cheveux brillaient et se balançaient, et malgré les sinistres prédictions des infirmières mes dents ne sont pas tombées. Elles souriaient, blanches et solides.

Je mangeais. Pas sans y penser. Pas n'importe quoi. Mais je ne vomissais pas et je ne paniquais pas. Je continuais à me peser, mais seulement deux fois par jour au lieu de six ou sept. Je prenais le petit déjeuner dans le jardin et un matin le voisin m'a surprise en train de boire mon thé au soleil, nue jusqu'à la taille, la peau tachetée d'or et d'ombre à travers les feuilles, comme l'écorce d'un platane. J'ai rougi en me couvrant avec les mains. Il a ri. J'avais même des seins. Rien d'ambitieux. Juste assez pour faire rire le coiffeur quand il brossait mes cheveux jusqu'à la taille.

« Qu'est-ce que c'est ? » il m'a taquinée, « Vous avez vu ? La brosse a sauté. Ce n'était pas là avant. » Comme la cigale de la fable, j'ai même dansé tout un été.

Je suis partie en vacances à la campagne. La famille de mon mari possède une vieille maison en pierres grises qui se trouve en haut d'une colline en plein milieu de nulle part. Elle est fermée toute l'année sauf quelques semaines en été. Là, rien n'a changé depuis au moins soixante-dix ans. Le papier peint est resté le même dans les chambres. Cet été-là j'ai dormi dans la chambre avec des roses de couleurs fanées aux murs. Le lit en acajou avait toujours sa couette aux couleurs passées, avec son odeur de poussière et de plumes en train de se désagréger. Ça ne me gênait pas à cause des draps. Ils étaient en lin blanc, lourds, avec des incrustations de dentelle faites main, et assez grands pour être repliés largement par-dessus la couette. En m'endormant je me sentais donc propre et fraîche. Le matin je me lavais dans le petit cabinet de toilette en utilisant le broc et la cuvette en porcelaine, décorés de roses assorties au papier peint. Le soleil entrait à flots par la fenêtre ouverte avec une légère odeur de foin et de vaches.

Parfois mon mari ou son frère allait dans la salle à manger rouge et sombre chercher le service en porcelaine de Limoges décoré d'un mince filet d'argent et les verres en cristal, qu'il installait dehors sous les tilleuls. On coupait en tranches d'énormes pêches dorées, dont le jus nous coulait entre les doigts dans les verres de vin, puis on ajoutait du sucre. Le tic-tac des deux pendules ponctuait le cours des jours. Elles n'étaient pas tout à fait synchrones, alors à midi, quand elles sonnaient l'une après l'autre ça résonnait longtemps dans les pièces remplies d'ombre.

La maison se transformait dès le crépuscule. Dans le noir, des toiles d'araignées vous collaient au visage et aux cheveux. En ouvrant une porte j'ai trouvé sur la marche un minuscule squelette de souris tout blanc, roulé en boule comme un bébé. Il y avait des rats au grenier et des chauves-souris dehors. Un matin, j'ai été réveillée par un léger frôlement sur la joue. A moitié endormie, j'ai balayé quelque chose d'un geste et je me suis réveillée pour de bon en entendant le bruit sourd, mais distinct, de quelque chose qui venait de tomber. J'ai ouvert les yeux pour voir un monstrueux cricket vert lumineux d'à peu près dix centimètres de long, parfaitement immobile sur le plancher de bois. J'ai hurlé de frayeur. J'aurais dû l'interpréter comme un mauvais présage, mais non, je pensais pouvoir danser pour toujours.

Je pensais être libre. Je suis même retournée voir Lucien. Cette fois il n'y avait pas de balance. Je me suis assise sagement dans son bureau, faisant semblant d'être posée, digne, si intelligente et si sincère. Mais en réalité, je dansais autour de son bureau. Je me suis envolée et j'ai fait des arabesques au-dessus de sa tête et autour du plafond. Des plantes vertes au-dessus de lui, j'ai chanté victoire.

« Regarde-moi, regarde-moi, c'est moi qui ai tout fait. » Il n'y a pas de doute, il me voyait là-haut. Nous nous sommes souris.

« Vous avez eu tort », ai-je dit, « complètement et totalement tort. Vos méthodes sont barbares, cruelles et médiévales. »

« Qu'est-ce que j'aurais pu faire d'autre ? » a-t-il dit. Je ne savais pas. Je suis partie en dansant. Je ne l'ai pas revu pendant très longtemps. Il a dû penser que j'avais gagné, totalement et irrévocablement.

Mais ce n'était pas vrai. Je me suis fracassée. En arrivant à la maison, à la fin de cet été, la peur m'a prise au ventre quand j'ai réalisé que j'avais oublié la balance. Je l'avais laissée dans la maison de campagne. Je ne pourrai pas me peser ce soir ni le lendemain matin. Dès l'ouverture du magasin j'ai foncé au rayon ménager. Ma main tremblait en écrivant le chèque. Mais c'était trop tard. J'avais perdu mes ailes. J'ai arrêté de manger. Je ne volais plus, grisée de liberté. Je dégringolais, je tombais à toute vitesse et la terre grise montait très vite pour m'accueillir.

Chapitre 22

Mme Delaunay avait tout essayé. Un jour j'ai trouvé un verre de lait chaud, dans un porte-verre en argent, avec une cuillère à long manche et du sucre sur un petit plateau rond. « Vous n'êtes pas obligée de le boire », avait-elle dit, « mais si vous pouvez, au moins je saurai que vous aurez assez d'énergie pour rentrer. » Je ne pouvais pas. Je l'aurais bu si j'avais pu. Je me suis effondrée. Je n'étais pas habituée aux égards à mon sujet, ni à la gentillesse. J'étais habituée à la colère et à la frustration, à la haine même. En refusant j'avais l'impression de la gifler ou de lui jeter le verre à la figure. Mais je ne pouvais pas le boire. Patiemment elle persistait. Chaque jour un verre m'attendait, au cas où. Ni elle ni moi n'y faisions allusion. Et puis un jour il n'a plus été là.

Inévitablement, j'ai fini par ne plus avoir la force de rentrer chez moi. J'étais obligée d'attendre dans la salle d'attente afin de rassembler suffisamment d'énergie pour descendre l'escalier. Mme Delaunay voulait que je m'allonge, mais si la plupart des gens étaient désagréables et hostiles, au moins envers l'anorexique en moi – et après tout, c'était tout ce qui restait de moi –, j'étais de loin la plus cruelle et la plus dure. Non, bien sûr, je n'avais pas besoin de m'allonger. Non, bien sûr, je n'utiliserai pas l'ascenseur. J'allais continuer à marcher – et je l'ai fait. Je suis rentrée à la maison, je ne sais trop comment.

Plus tard, ce même après-midi, les horaires des trains de

banlieue avaient été modifiés. Personne ne répondait au téléphone. J'ai marché de la maison jusqu'à la gare, descendant la colline lentement, avec difficulté, mais j'étais habituée. Après tout, plus ça devenait dur, plus j'étais obligée de poser les pieds fermement, l'un devant l'autre, de faire consciemment l'effort de marcher normalement, pour que ma faiblesse ne se voie pas, et plus j'imaginais mon corps en train de se consumer, brûlant la graisse et les muscles qui me restaient. Mais cette fois-ci j'étais allée un peu trop loin. Pendant que je notais les changements d'horaires, mes jambes se sont mises à flageoler et j'ai dû m'asseoir. Ensuite, tout simplement, je n'ai pas pu me relever. Mon cerveau continuait à donner à mes jambes les instructions pour se déplier et se mettre debout, mais il n'y avait rien à faire. Je refusais de pleurer. Je suis donc restée assise là, dans un état d'épuisement, essayant de prendre l'air de quelqu'un qui attend un train. J'ai sûrement bien réussi parce que personne ne m'a remarquée. Après une éternité mon mari est venu, étonné de mon retard. Je n'ai pas écouté sa colère. J'étais habituée. Mais je lui étais reconnaissante d'avoir pensé à prendre la voiture.

Je savais que c'était inévitable, mais je ne supportais pas de l'entendre.

« Vous ne pouvez pas continuer », m'a dit Mme Delaunay, « vous savez que vous devez retourner à hôpital. »

« Je ne retournerai jamais à St-Clément. »

« Il n'en est pas question », m'a-t-elle rassurée, « je vous ai trouvé une clinique, pas trop loin, où on vous aidera à reprendre des forces. » Je savais que j'y étais obligée. Je n'avais pas le choix. Une fois de plus, j'avais poussé mon corps jusqu'à l'extrême limite.

Dans la voiture, sur le chemin de la clinique, je me préparais au pire. La voiture a pris une allée en demi-cercle contournant une pelouse au centre de laquelle il y avait un immense cèdre du Liban qui ombrageait tout le bâtiment. J'ai imaginé qu'il avait deux ou trois siècles, au moins. Combien de temps ces arbres pouvaient vivre, je n'en avais aucune idée. En le contournant j'ai pu voir la clinique pour la première fois. C'était une grande maison datant du début du siècle, ou peut-être un petit hôtel converti. C'était l'automne, mais les plates-bandes étaient bien entretenues. Il y avait une grande terrasse surélevée, pavée de carreaux rouges avec des tables et des parasols empilés dans un coin. En été, ça devait être agréablement ombragé par le cèdre. J'étais surprise, mais pas complètement rassurée. Après tout, c'était toujours une maison de fous. Qui m'attendait là-dedans ? Je savais seulement qu'il s'appelait Dr Chevalier et qu'il savait que je venais.

Nous nous sommes regardés par-dessus son bureau. Le Dr Chevalier devait être merveilleusement rassurant pour les familles des autres tarés. Il était sans doute rassurant pour les tarés eux-mêmes. Ses cheveux et sa moustache étaient coupés impeccablement court. Il avait des yeux perçants qui semblaient lutter contre un naturel pétillant. Ils allaient pétiller pas mal au fur et à mesure que nous faisions connaissance. Ses costumes sombres étaient bien coupés. Pas l'ombre d'un froissement ni d'un faux pli. Ses chemises, ses cravates, ses souliers, sa façon d'être et même son stylo étaient parfaits. Dans le rôle du psy rassurant, paternel et strictement conventionnel il était plus que convaincant. J'avais peur que ça veuille dire un tantinet étroit d'esprit et coincé, pour ne pas dire ennuyeux, avec des idées préconçues, plus l'habituelle intime conviction d'être infaillible. J'ai vite compris que j'avais tort. Nous nous sommes appréciés. Il ne m'a pas regardée avec horreur ni avec colère. Il ne s'est même pas étonné de mon apparence. A ma grande surprise il m'a demandé si l'Angleterre me manquait. Et est-ce que ça me gênait d'être obligée de parler toujours en français ? Quand il était petit, a-t-il ajouté, sa grand-mère anglaise lui parlait presque exclusivement en anglais. Il avait été très malheureux à sa mort, quand il s'était trouvé subitement obligé de parler uniquement le français. Ça remuait toujours des souvenirs malheureux quand il y pensait.

Le Dr Chevalier m'a raconté un tas de choses pendant qu'on faisait connaissance. Il n'était pas le genre de psy qui te mange tout cru, en gobant tous les détails horribles de ta vie et de ton état psychique tout en se montrant très distant, bien protégé par son identité professionnelle, se cachant derrière un solide masque en bois marqué « Docteur », ou plus exactement, « Psychiatre Impénétrable ».

Parfois il s'asseyait à côté de mon lit et il me racontait des trucs si incroyables et tellement positifs à mon sujet que je ne savais pas s'il fallait rire ou pleurer. D'une façon générale, quand même, je pleurais en lui disant qu'il n'en savait rien – est-ce qu'il ne voyait pas dans quel triste état je me trouvais ? Mais ça c'était plus tard. Pour l'instant, oui, il voyait bien. Il a sonné pour appeler ce que je pensais devoir être une gardienne chef déguisée en infirmière. Une femme d'une quarantaine d'années est entrée, bien habillée, avec un châle drapé élégamment sur une veste marron. Elle portait des boucles d'oreilles et ses ongles étaient soigneusement laqués de rouge. Elle sentait bon. Elle m'a emmenée dans l'ascenseur. Je ne lui ai pas dit que j'avais peur des ascenseurs parce que je ne voulais pas paraître tarée. De toute façon, je n'aurais pas pu monter l'escalier.

Elle m'a montré une pièce haute de plafond remplie de soleil. Le sol était d'un bleu foncé et les murs couverts de fleurs dans les tons pastel. Les rideaux étaient en velours très lourd et devant la fenêtre se trouvait une chaise longue avec vue sur le cèdre. Il y avait un lit en cuivre avec un couvre-lit blanc et contre le mur du fond, une petite coiffeuse blanche avec un miroir à trois faces. Il y avait même une table pour écrire. Je n'avais pas prévu ça. Je me suis effondrée sur le lit, claquant les dents et incapable de maîtriser mes larmes. « Mon Dieu », ai-je pensé, « maintenant elle sait que je suis cinglée ». Elle s'est approchée de moi. « Elle va sonner l'infirmière », je me suis dit, « peut-être on me donnera du Valium ». A mon grand étonnement elle m'a touché le bras et a regardé avec une compassion évidente cet espèce de petit épouvantail terriblement maigre qui grelottait là sur le lit. Je n'ai pas pensé une seule fois à mon beau squelette. J'étais moi, avec tout ce que ça voulait dire. Et quelqu'un se montrait gentil avec moi.

« Vous êtes anglaise, n'est-ce pas ? Peut-être aimeriez-vous que je vous apporte du thé ? » Du thé. Pas du Valium. Pas du Tranxène. Pas du Lexomil. Du thé, comme si j'étais une vraie personne et pas une tarée.

Chapitre 23

Le sol de ma chambre était de la même couleur que chez Mme Delaunay. J'ai dormi. Je n'étais pas en train d'attendre tout le temps, les yeux rivés sur la porte dans un état d'alerte permanente. Tous les matins, l'infirmière apportait l'équipement nécessaire pour une perfusion et me piquait l'aiguille dans une veine. Mais cette fois-ci ce n'était pas des glucides et des lipides entrant en moi implacablement, goutte par goutte, mais des antidépresseurs. Après avoir vérifié que tout allait bien, elle m'immobilisait l'avant-bras dans une sorte de berceau en plastique, l'enveloppait maternellement dans un linge blanc et me laissait glisser de nouveau dans le sommeil.

Parfois une jeune femme venait faire le ménage. Je n'arrivais pas à ouvrir les yeux tout à fait, mais je pouvais entendre la serpillière claquer contre le sol quand elle la passait autour du lit. Toutes les femmes de service avaient le même accent martiniquais, leurs voix ressemblaient à des sourires.

« Je n'ai jamais vu quelqu'un dormir comme ça », se souriait-elle à elle-même, poussant la serpillière sous le lit, « Vous n'avez pas envie de vous lever et de regarder dehors ? » ses fossettes se creusaient, « Je ne pourrais jamais dormir jour et nuit comme ça » , en sortant de la pièce dans une virevolte, radieuse.

J'ai fini par me réveiller. J'ai trouvé la force de m'asseoir sur la chaise en velours bleu devant la fenêtre avec vue sur le cèdre du Liban. Je n'avais jamais vu d'arbre pareil. La clinique et toutes les maisons autour ressemblaient à des jouets placés là par un enfant. Bientôt j'ai pu quitter ma chambre et marcher un peu dans le jardin. Je descendais les escaliers en m'agrippant à la solide rampe de bois sculpté. Au rez-de-chaussée il y avait un salon avec des fauteuils confortables et une télé. Une infirmière m'a dit qu'il y avait également une bibliothèque avec un piano, mais je ne l'ai jamais trouvée. Je n'ai pas essayé. La maison de fous m'a laissé des cicatrices. En face du salon se trouvait la salle à manger où les patients pouvaient se mettre à six autour de chaque table. Il y avait des nappes blanches avec, au milieu, un petit bouquet de chrysanthèmes jaunes. Je le sais parce que j'ai regardé à travers les doubles portes laissées ouvertes. Je ne suis jamais entrée. J'avais trop peur d'être avec d'autres personnes, sans parler d'avoir à faire face à la nourriture en public.

Je mangeais. Pire que ça, je dévorais. C'était terrifiant. Étrangement, au début, ça ne m'est pas venu à l'idée de commencer à manger, malgré ma promesse au Dr Chevalier. Il avait commencé par m'expliquer qu'il était tout de même obligé de me faire peser régulièrement. Je lui ai dit que l'une des choses les plus difficiles, quand j'essayais de manger, c'était d'en voir la preuve tangible sur la balance, avec les chiffres qui grimpaient. C'était déjà assez dur de me voir dans la glace. Je savais que ces chiffres allaient me jeter dans un tel état de panique que je risquais fort de battre en retraite et d'arrêter de manger. Il m'a crue, comme toujours. Il m'a fait remarquer qu'il prenait des risques, mais il m'a fait confiance quand même. J'ai téléphoné à Mme Delaunay comme elle me l'avait demandé.

« Mais est-ce que vous avez commencé à manger ? » m'a-t-elle demandé, après que je lui eus décrit la clinique. « Après tout, vous êtes venue pour ça. » Tout d'un coup ça paraissait ridiculement simple. Alors, j'ai mangé. Et tous les démons de l'enfer se sont libérés.

Je suis boulimique, ai-je écrit, *je ne peux pas m'empêcher de me gaver – tout le temps, en plus des repas. Ne pense pas que je ne sais pas de quoi je parle. Ne pense pas que, privée de nourriture depuis si longtemps, je ne sais plus juger ce qui est, ou n'est pas, une quantité normale. J'aimerais bien le croire. Mais ce n'est pas vrai. C'est comme si un immense barrage en béton venait de se fêler subitement, la force irrésistible de l'eau écrasant tout sur son passage. Je ne contrôle plus rien et c'est dégueulasse. Je mange tout, absolument tout ce qu'ils apportent sur le plateau – je pourrais manger la serviette. Le goût n'a rien à voir. Ce n'est pas manger, c'est se gaver. Et je ne peux pas arrêter, je pourrais manger les meubles, les murs, tout et n'importe quoi, c'est révoltant, c'est dégueulasse – dégueulasse – je veux dégueuler, je veux tout vomir, toute leur bouffe que je suis en train d'engloutir, de me fourrer à l'intérieur – si seulement je pouvais vomir tout ce que j'ai mangé pendant ma vie entière – je veux dégueuler dégueuler dégueuler –*

Je ne veux pas MANGER –

JE NE VEUX PAS MANGER –

Jamais, plus jamais, ni ici, ni à St-Clément. Je veux être un squelette, je veux crever. Je ne veux pas mon corps. Je veux gueuler et hurler et tout vomir et ne plus jamais jamais manger de ma vie.

J'étais si forte, si forte. Et si maigre. Je faisais peur. Prête à tomber, froide, crevant de faim, chaque pas était une immense victoire...

...J'ai envie de me recroqueviller dans mon lit et de ne plus jamais me lever. Dormir, dormir, dans une jolie chambre avec des gens gentils qui m'apporteront de la nourriture, de la bonne nourriture que je peux manger, pour ensuite retomber à nouveau endormie, repue, comme un bébé, un tout petit bébé avec une goutte de lait au coin de la bouche.

Mais j'ai enchaîné aussitôt : *Il faut que je sorte d'ici, je me fais peur. Je n'arrête pas de manger. Je me regarde dans la glace, je perds mes os, je perds mon squelette – je ne peux pas le supporter, c'est un cauchemar.*

Maintenant je comprends Lucien Blanc, et pourquoi il m'avait défendu le chocolat ou n'importe quoi d'autre qu'on aurait pu m'apporter. C'est terrifiant. Je vais être obligée d'arrêter, et si je le fais, rien au monde, même pas des barrages éclatés, même pas Mme Delaunay et certainement pas vous, Lucien Blanc avec vos méthodes barbares, rien ni personne ne pourra me faire manger, plus jamais.

Et puis : *Mais je ne peux pas, je ne peux pas faire ça et les laisser m'enfermer à nouveau, et donner raison aux méthodes de Lucien. Demain, je vais essayer, je vais vraiment essayer de manger raisonnablement, de tout contrôler. Entre l'anorexie et la boulimie il n'y a pas de place pour moi.*

Chapitre 24

Au bout de quelque temps j'avais récupéré assez de force physique pour pouvoir quitter la clinique. J'ai continué à me débattre comme j'ai pu. Quatre fois par semaine, je me rendais à ma séance. Il n'y avait rien d'autre à faire. Je n'étais pas particulièrement vaillante et courageuse. Je n'avais pas le choix.

J'avais de la peine pour Mme Delaunay parce qu'elle était obligée de m'écouter. « Non seulement ma vie entière est complètement ratée », je pensais, « mais en plus elle est totalement et affreusement ennuyeuse. Comment peut-elle le supporter ? Je m'ennuie moi-même. »

En regardant la neige, un jour de cet hiver-là, je me suis sentie submergée de désespoir, ce qui m'a d'autant plus effrayée que j'étais complètement passive. Je me suis rappelée avoir ressenti la même chose à St Clément. Le silence de la neige semblait étouffer le peu de vie qui me restait. Là, j'étais devenue suicidaire. Cette fois-ci j'étais remplie de doutes quant à la capacité de Mme Delaunay à pouvoir m'aider. J'étais anéantie. Après tout, si je perdais l'espoir en elle il ne restait plus aucune façon de m'en sortir. Plus d'espoir du tout.

Qu'est-ce qu'il y avait entre la neige et moi ? Je suis née avec la neige. L'année de ma naissance, le mois de décembre avait été si rude qu'on en parlait encore des années après. Ma naissance avait été traumatisante, ma mère et moi avions failli mourir toutes les deux. Je suis née prématurément à six mois. Un de mes premiers souvenirs est celui de ma mère en train de me raconter l'histoire.

« J'avais une toxémie », m'a-t-elle dit. Je n'avais pas la moindre idée de ce que ça pouvait vouloir dire. J'ai examiné le mot minutieusement et je l'ai gravé en belles lettres rondes dans ma mémoire. Ça paraissait être quelque chose d'important, quelque chose que je devais savoir.

« Les médecins ont dit à ton père qu'il devait choisir entre toi et moi. » Elle continuait, « Soit on provoquait ta naissance et c'est toi qui allais mourir, soit je te portais jusqu'au bout et c'est moi qui mourrais. » Elle a marqué une pause convenablement dramatique pendant que je prenais conscience de ce que cela voulait dire... « Évidemment, c'est moi qu'il a choisie », a-t-elle conclu avec une innocence totale. Ma mère n'avait jamais entendu parler de Freud, ce n'était pas vraiment un grand sujet de discussion dans son village. J'étais tellement soulagée que mon père ait pris la bonne décision. « Ce n'est pas qu'il voulait me tuer en tant que personne », me suis-je dit sérieusement, « Je n'étais qu'un bébé, il ne me connaissait même pas, bien sûr qu'il a choisi maman. »

J'ai cru cette version dramatique jusqu'à l'âge adulte, quand un médecin m'a expliqué, incrédule, qu'aucun médecin en Angleterre, à cette époque, n'aurait demandé à quelqu'un de prendre une telle décision. Il aurait fait tout son possible pour sauver la mère et l'enfant. Mais ma mère adorait les drames.

« Et cette pauvre Mme Bradford qui avait la même chose que moi », me disait-elle, « je n'arrêtais pas de demander de ses nouvelles et personne ne voulait me répondre. Elle était morte, bien sûr... » Je savais ce que tout ça voulait dire. Je n'avais pas tout à fait cinq ans mais je savais que j'avais failli tuer ma propre mère avant même de naître.

« Personne ne pensait que tu allais survivre. Tu n'étais pas plus grande que ce paquet de farine... » Je l'ai regardé, drôlement impressionnée – « MacDougal's Self-Raising Flour. » – était écrit en bleu sur fond blanc.

« Tu ne pourras jamais l'élever. » C'était l'avis général, des amis, comme de la famille. Elle pleurait sur mon berceau. Est-ce que je me rendais compte ? Est-ce que les bébés peuvent regarder tomber la neige et se sentir désespérés et abandonnés ? Est-ce qu'ils peuvent ressentir le silence comme menaçant ? Est-ce que les bébés peuvent se sentir glisser vers la mort ?

Un jour en parlant avec Mme Delaunay, en plein milieu d'une phrase, une image très claire m'est venue à l'esprit. Un tout petit bébé était allongé sur une plaque de marbre blanc. Il avait froid et faim mais il ne luttait pas. Le marbre était froid contre sa peau mais il savait que bouger ne changerait rien. Hurler non plus. Il restait inerte, toujours sur la plaque froide, sans le moindre espoir. Je ne pense pas qu'il s'agisse là d'un souvenir, mais simplement de la visualisation d'émotions ressenties il y a très longtemps. On m'a éloignée de ma mère tout de suite à la naissance et on m'a mise dans une couveuse où je suis restée le premier mois de ma vie, à l'hôpital. Enfermée. Abandonnée et seule.

J'avais peur de dépendre de Mme Delaunay. Après tout, j'avais glissé d'un état de dépendance, avec Lucien Blanc, pour me retrouver dans un autre avec Mme Delaunay. Moins dramatique vu de l'extérieur peut-être, mais néanmoins effrayant.

Tu me tiens au creux de ta main, me laisse pas tomber,
« Main » j'ai dit, « pas bras » j'ai dit, me laisse pas tomber,
Trop petite même pas bébé, me laisse pas tomber,
Je peux te glisser entre les doigts, me laisse pas tomber,
Verre de contact, invisible, me laisse pas tomber...

De toute façon, découragée ou pas, dépendante ou pas, il n'y avait rien d'autre à faire. Semaine après semaine je continuais. Grimper les escaliers, appuyer sur la sonnette, parler. Et Mme Delaunay écoutait.

Quelques petites choses commençaient à changer. Rien de dramatique ni de subit, mais j'ai pris l'habitude d'écrire uniquement en anglais. Après tout, j'étais obligée de parler en français presque tout le temps, même en analyse. Des choses différentes sont apparues sur mes feuilles. Depuis le début j'ai toujours été consciente de la souffrance que j'infligeais à ceux que j'aime. Même eux étaient hostiles et en colère envers moi. *La haine s'est, en quelque sorte, installée,* ai-je écrit. Mais je savais que ce n'était pas si simple. J'ai écrit cette histoire :

Chapitre 25

« Maman »

Je l'attendais au coin de la rue. On devait se rencontrer à trois heures et quart pour faire les magasins et m'acheter un nouveau jean. Peut-être qu'elle m'achèterait un pull, ou « la moitié d'une jupe », comme elle disait en riant, quand c'était trop cher pour elle de me payer le tout. On allait s'amuser. Je n'aime pas trop l'admettre à mon âge, mais j'adore être avec elle. On allait prendre le thé dans un café, heureuses d'être ensemble. On parlerait vêtements... Avec elle on peut parler de tout, elle peut s'enthousiasmer et se passionner pour un livre ou un poème, mais elle peut s'intéresser tout autant au pantalon qu'il faut acheter et à l'endroit où on peut le dénicher.

Donc, je l'attendais depuis un moment, observant de loin la porte de son médecin, quand elle est sortie dans la rue. Je ne sais pas comment elle a fait pour ouvrir. Elle était si maigre, j'ai eu un choc. Pas de seins, pas de fesses, rien, un squelette ambulant. Son jean était trop grand, il flottait sur ses jambes, seulement c'était un jean étroit, pas un 501. Et pourquoi avait-elle serré la taille comme ça, on aurait dit qu'elle était coupée en deux, la moitié supérieure posée en équilibre précaire sur la moitié du bas. J'ai regardé de plus près. Oh merde, c'est un jean que mon frère ne met plus, et il n'a que douze ans mon frère. Visage cendreux. Hagard. Des cernes autour des yeux comme si elle avait mis du fard à paupière en dessous aussi, comme un clown. Elle était toujours jolie quand même, Dieu sait comment. Et jeune. Dans les magasins on lui dit « Mademoiselle » et les gens la prennent pour ma sœur. Si elle n'a pas l'air vieille comme ça, elle ne l'aura jamais. Mon Dieu, mon Dieu fais qu'elle puisse devenir vieille un jour, ne la laisse pas mourir, comment peut-elle me faire ça ? Quand j'étais petite je la regardais s'activer à la maison, avec ses lourds cheveux blonds jusqu'à la taille, ses yeux clairs. J'aimais le bruit que faisait son jean quand elle bougeait. J'étais désespérée, je savais que je ne lui ressemblerais jamais avec mes cheveux châtains et mes yeux bruns.

Elle marchait vers moi, avec difficulté. Les yeux pleins de larmes. Une rage blanche m'a envahie.

« On dirait une toxicomane ! » Elle n'a pas réagi à ma colère. Elle ne le fait jamais. Elle dit que j'ai le droit. Merde – quel droit, c'est ça, merci maman, laisse-moi te marcher dessus. Dieu, fais qu'elle ne meure pas. Elle a du mal à parler. Elle a du mal à marcher, elle a du mal à respirer, en fait elle n'est rien qu'un gros (!) malaise.

« Est-ce que mon maquillage a coulé ? Est-ce que ça se voit que j'ai pleuré ? »

« Non, ça n'a pas coulé. Oui ça se voit que tu as pleuré. »

« Je suis désolée ma chérie, j'ai besoin de m'asseoir et de prendre un café. »

« Je refuse d'aller dans un café avec toi comme ça. »

« Je suis désolée, je suis désolée... » Merde, pourquoi elle n'arrête pas de s'excuser tout le temps – pourquoi elle ne m'engueule pas ? Je sais que je suis immonde. « ...mais je pense que je n'arriverai pas à faire les magasins cet après-midi. »

« D'accord. Très bien. J'irai toute seule. » Mélange d'ironie et de colère. Moi la grande martyre. Pourquoi je fais ça ?

« Je suis désolée... » (Encore) « ...mais je crois que tu ne comprends pas. J'ai besoin de toi pour m'aider à rentrer. Je ne pense pas que j'y arriverai toute seule. »

« Je refuse d'être ton infirmière. » Elle reste plantée là comme si elle avait trois ans et c'était moi la mère. Larmes.

« D'accord, ça ne fait rien, vas-y, achète ton pantalon. Bien

sûr que je vais y arriver. J'y arrive toujours, c'est vrai. Vas-y, je suis désolée. »

« Tu veux que je t'envoie à la maison dans une ambulance ? »

Mais je ne pouvais pas marcher à côté d'elle. Je restais soigneusement deux pas en avant. Je ne supportais pas de la voir. Merde merde merde. Je te déteste, je te déteste. Comment peux-tu me faire ça ? C'est toi la mère, pas moi. Et j'ai besoin de toi, maman, j'ai besoin de toi. Aide-moi, console-moi, caresse mes cheveux et sèche mes larmes. Dis-moi que ça va. Dis-moi que tout va bien. Aide-moi, maman, si tu meurs je te tuerai.

« Écoute, j'ai réfléchi. Je ne supporte pas l'idée de retourner à l'hôpital. J'ai seulement besoin de récupérer un peu d'énergie. Viens avec moi jusqu'à la gare, tu sais, le salon de thé là. Tu mangeras des gâteaux et on prendra un thé et puis après, quand je me sentirai mieux, on ira acheter ton pantalon. »

« Je n'irai pas dans un salon de thé avec toi dans cet état. » Je me déteste, je me hais, comment puis-je être si cruelle ? Maman, aide-moi.

Et puis finalement on est arrivés dans le métro. Je me suis assise de l'autre côté du couloir. Elle avait l'air d'être déjà morte. Immense effort rien que pour s'asseoir, ou plutôt pour se tenir droite normalement. Elle s'agrippait à son grand sac comme si, en danger de se noyer, elle s'accrochait à un rocher, ou un débris flottant à la dérive. Je faisais semblant de ne pas être avec elle, mais je ne pouvais pas m'empêcher de la regarder tout le temps. Visage cendreux, un fantôme, presque un squelette déjà. (« Déjà », qu'est-ce que je veux dire ?)

Du métro, on est passé dans le train. Cinq minutes d'attente. Elle se sentait coupable. Elle n'arrêtait pas de s'excuser. Elle *s'excusait.*

« Écoute, je sais que c'est ridicule de te le dire, peut-être même de penser comme ça, mais je suis tellement, tellement désolée d'avoir gâché ton après-midi. Mais tu sais, même si je ne t'avais pas demandé de m'aider à rentrer et si tu avais acheté ton jean, ça ne t'aurait pas fait plaisir. Tu te serais sentie coupable et tu

aurais acheté n'importe quoi, tu aurais gaspillé ton argent. Ce sera mieux d'y aller demain. »

Je ne peux pas supporter tout ça, je ne peux pas. C'est toi *qui es censée prendre soin de* moi. *Et si je me mets à pleurer moi aussi ? C'est pas juste, c'est pas juste.*

« Garde ma place, j'ai besoin d'une cigarette. » N'importe quoi pour m'échapper. Sur le quai j'avale une grande bouffée de fumée. Je ne me laisserai pas atteindre. Je te hais. Je te hais. Comment peux-tu me faire ça ?

« Pardon Mademoiselle, vous n'auriez pas une petite pièce ou deux ? » Putain de mendiant, il ne voit rien ? Même pas dit merci, au suivant, tout de suite. Espèce de vautour. Merde le train va partir. Je refuse de la regarder. Pas une seule fois. Je vais lire cet article sur les surréalistes en entier jusqu'à la maison et je ferai semblant de ne pas la connaître. Il y avait la reproduction d'une de leurs affiches, une petite fille mignonne dans sa robe du dimanche. De la main gauche elle tenait une boîte de chocolats en forme de cœur et de l'autre un revolver pointé vers la tête de sa mère, hors du champ. En dessous il y avait écrit « A la fête des mères, pense à ta mère. »

Chapitre 26

Comment ai-je pu faire tant souffrir ma fille ? Je vais essayer d'expliquer. Si tout s'écroule autour de toi et si tu ne maîtrises rien de ce qui t'arrive, si tu es désespérée et si tu ne vois pas d'issue, ne plus te nourrir te soulage. On se replie dans l'anorexie parce que cela semble être une solution. Cela te donne le sentiment de maîtriser ce qui se passe. Pouvoir nier un besoin aussi fondamental et aussi fort que la faim, pouvoir maîtriser la forme de ton propre corps, te donne l'illusion d'une force énorme. Être anorexique, c'est être forte et aux commandes, au lieu d'être un bébé malheureux et sans recours. Par conséquent, guérir est ce qu'une anorexique craint le plus au monde. L'anorexie est une maladie dont le malade ne veut surtout pas guérir.

Manger est une preuve de faiblesse. Je sais qu'une anorexique me considérera sûrement, en tant qu'échappée, comme une faible et une ratée. Chaque fois que j'ai cédé et mangé pour pouvoir sortir de l'isolement, j'étais sincèrement convaincue que les infirmières me méprisaient, que j'étais pour elles nulle et sans volonté. La souffrance physique et mentale que l'on s'inflige, quand on ne s'alimente plus, est presque trop grande pour être exprimée. Mais c'est un choix de moindre douleur. Si tu lâches ce système de maîtrise, et cette illusion de force qui en découle, tu vas à la fois te mépriser et retomber dans le chaos et la souffrance qui t'ont poussée dès le départ à adopter cette solution désespérée.

Les anorexiques vivent dans un monde où tout est inversé, comme une photo en négatif. Si l'on va dans le sens de la vie, ce qui veut dire se nourrir et accepter son corps, la souffrance psychique est alors si grande que l'on devient très vite suicidaire. En revanche, si tu avances inexorablement vers la mort en crevant littéralement de faim, tu te sens, sinon heureuse, du moins forte et aux commandes de la situation. Céder, se nourrir, entraînent une douleur beaucoup plus grande que la souffrance causée par la faim. Capituler ouvre la porte à tout ce qui t'effraie. Se nourrir devient, comme dans « 1984 » de George Orwell, « la pire chose au monde ».

Le syndrome devient rapidement un piège hermétique. Tu deviens totalement obsédée par ton poids et la forme de ton corps. Une seule façon d'échapper à cette prison : comprendre les raisons pour lesquelles tu as été amenée à cette solution terrible. Mais ça prend du temps. Bien sûr, je me rends compte que la vie d'une anorexique étant souvent en danger, l'hospitalisation devient alors nécessaire, ne serait-ce que pour gagner du temps. Mais par hospitalisation, je ne veux pas dire isolement et contrainte.

L'utilisation de la force mène inévitablement à un affrontement, et il est important de se rappeler qu'une anorexique a besoin de se sentir toute-puissante. Ceci veut dire que si elle cède à la pression extérieure et se nourrit, ça servira uniquement à renforcer sa détermination de reprendre le contrôle dès que possible. Alors elle retombera inévitablement dans le piège. En revanche, si elle ne capitule pas, l'affrontement renforcera son illusion de toute-puissance.

Pour éviter, d'une part, les affrontements et les rapports de force, et d'autre part, gagner la confiance de la patiente, il me semble important que le médecin en charge de la partie somatique de la maladie, qui prescrit l'hospitalisation si nécessaire, ne soit pas en même temps le thérapeute qui aide la patiente à comprendre les causes profondes de sa souffrance. Mais les deux sont indispensables car ils permettent de gagner le temps nécessaire à la patiente pour comprendre ce qui lui arrive, pour qu'elle puisse s'échapper de cette terrible prison qu'est l'anorexie. Les anorexiques ne sont ni têtues, ni méchantes, ni folles. Elles sont piégées. Les enfermer en isolement ne sert à rien.

Chapitre 27

Drogues

Soulevé par la houle du trou noir chaotique
Mon ventre émotionnel
Et mon cerveau transi
Peuvent seulement espérer
Le calme chimique

L'hiver s'était installé et je me débattais toujours, prenant le train de banlieue quatre fois par semaine. Au lieu d'aller mieux, j'allais de plus en plus mal. Sous le lit, dans la chambre d'amis, il y avait un grand sac en plastique rempli de drogues. Une véritable montagne, assez pour tuer un éléphant. Somnifères, antidépresseurs, tranquillisants, béta-stimulants, neuroleptiques. Avec le temps, ils avaient tout essayé. Et chaque fois qu'ils changeaient l'ordonnance, je gardais tout ce qui restait : Melleril, Noctran, Valium, Pragmarel, la liste est longue. Je ne pouvais pas avaler de nourriture, mais j'avalais tout ça sans problème. Laroxil, Anafranil, Survector, Haldol, Dogmatil, Ludiomil, Urbanyl, Tranxène, Seresta, Stilnox, Atarax, Mépromizine, sans parler du mystérieux BXD 912. (« A ne donner qu'en milieu hospitalier avec surveillance médicale stricte. ») Ha ! J'en avais des flacons entiers et je ne savais même pas ce que c'était. Je les avalais quand même.

Je ne pouvais pas continuer à vivre. Il fallait que ça s'arrête. Il me fallait le néant, et les drogues me le donnaient. Ce n'était pas exactement des T.S. Le suicide veut dire que tu veux vraiment mourir. Que tu veux mettre un point final à cette histoire de con, cette prison à vie. Ce n'était pas ça. C'était : « Je ne peux pas supporter de vivre une minute de plus. » Le néant était ma libération. Une libération assez douce en fait, quoique tout le monde ne serait pas d'accord avec ça. Je l'ai payée à chaque fois : comprimés et obscurité pendant deux ou trois jours me laissaient faible et malade pour longtemps, et, je crois, chaque fois un peu plus abîmée. Une cicatrice de plus.

Je comprends les gens qui s'ouvrent les veines, ce doit être un tel relâchement de tension... mais même cela ne veut pas forcément dire que l'on désire réellement mourir. Je le vois bien : L'entaille, et puis le sang, comme du pus jaillissant ou coulant, mais qui soulage. Je n'aurais jamais pu faire ça. Trop effrayant. Trop violent. C'était plus facile avec les comprimés. Trop facile, parce que bien sûr je m'embrouillais. Je commençais avec des somnifères mais au bout d'un certain temps je revenais à moi, je regardais la petite pendule près du lit « Oh non, seulement deux heures pour deux somnifères », vite, j'en avalais deux de plus. La fois suivante, quand je revenais à la surface, je changeais de cachets, espérant qu'un mélange pourrait m'assommer plus longtemps. Des tranquillisants – 5 mg, 10 mg, puis 50 et après ça je ne savais vraiment plus ce que j'avais avalé, ni combien. N'importe quoi pour retourner dans le noir. Ne plus être obligée de penser. Si seulement j'avais pu empêcher mes pensées de tourner en rond dans les couloirs en béton de mon cerveau. Et surtout ne plus rien sentir. Les émotions, il n'y avait rien de pire. Comment faire pour ne plus rien sentir ?

Quand tu es sans connaissance c'est comme si tu es maintenue dans le noir, plaquée au sol sous une lourde bâche. Mais, parfois, la toile tendue est subitement entaillée par un couteau, un rabat s'ouvre et tu peux voir et entendre. Quelqu'un me hurlait dessus. Un médecin. Des ambulanciers. Un brancard couvert de plastique orange. Je me suis redressée.

« Ne vous levez pas », l'un d'eux me tenait, « vous allez tomber. »

« Je ne tomberai pas », ai-je dit à travers le trou de la bâche, « je suis anorexique. Les anorexiques marchent toujours. Même mortes elles marchent encore, comme des poulets dont on a coupé la tête. » Et puis la bâche s'est remise en place avec un claquement, et le noir m'a de nouveau recouverte. J'ai repris connaissance, l'espace de quelques secondes, alors que l'on me transportait à travers le jardin, assez longtemps pour apercevoir la lumière bleue clignotante et l'ambulance rouge.

Les urgences. Encore une entaille dans la toile. Encore une femme qui me criait dessus. Une femme médecin. Une infirmière lui disait quelque chose :

« La petite fille dans la cabine huit n'arrête pas de pleurer. Nous n'arrivons pas à la calmer. »

« Tant pis pour elle, c'est pas mon problème », puis en se tournant vers moi : « Je vais vous garder... » garder garder... on m'a assez gardée. Je m'agrippais de toutes mes forces à l'entaille dans la toile noire.

« Donnez-moi une décharge. Je m'en vais. » *Schlack* le rabat est retombé. Et puis j'ai senti que l'on me poussait un papier dans une main, un stylo dans l'autre. Je tâtonnais dans le noir afin de faire une marque sur l'un avec l'autre. Je ne parvenais pas à m'asseoir mais je me suis débattue jusqu'à pouvoir appuyer sur la page et griffonner quelque chose dessus avant de retomber dans le noir.

J'étais debout. Pieds nus, pyjama froissé. Je grelottais. Ou bien je tremblais. Mon mari était là, il me soutenait, la femme lui racontait quelque chose à propos d'une défaillance respiratoire et qu'il fallait me garder garder garder. Il y avait un portier très grand qui me tenait de l'autre côté. On était devant des doubles portes en verre.

« Il fait froid dehors », a dit le portier, en regardant mon pyjama de coton, « je vais chercher quelque chose de plus chaud. » Il est revenu, fermant soigneusement les boutons de son manteau jusqu'au cou, et il a aidé mon mari à me faire marcher jusqu'à un taxi. Il y a eu une dispute. Le chauffeur ne voulait pas me prendre, sous prétexte que j'étais ivre ou droguée, ce qui était, bien sûr, parfaitement exact. Je ne sais pas comment on a pu rentrer. La bâche est retombée en place dans un claquement sec.

Parfois je ne me réveillais pas dans la salle des urgences. Je me rappelle être revenue à moi le matin, avec une perf dans le bras et des fils me reliant à un moniteur. Je me suis chaque fois retrouvée dans une chambre avec de très vieilles dames en phase terminale. Est-ce que l'on essayait de me dire à quel point c'était honteux de faire ça, alors que j'étais jeune et en bonne santé ? Que j'aurais dû m'estimer heureuse ?

Une fois, je me suis réveillée dans une toute petite pièce avec deux dames très âgées. Elles ne pouvaient pas parler. Les infirmières les ont aidées à prendre leur petit déjeuner tout en leur parlant fort, comme si elles étaient non seulement sourdes, mais encore complètement stupides. Peut-être l'étaient-elles, peut-être pas, comment savoir ? Il fallait les déshabiller et les laver. Et j'étais obligée de tout voir. Ou au moins de rester là à quelques centimètres, toujours attachée aux machines. J'ai fermé les yeux. Personne ne m'a adressé la parole. Je ne savais pas du tout ce qui m'était arrivé ni comment j'avais pu en arriver là. Les overdoses laissent des trous dans le cerveau. Quant elles ont fini de laver les vieilles dames, j'ai ouvert les yeux, et j'ai pu voir mes vêtements et même mon sac à main posés par terre, à côté de mon lit. Les drogues ont pour effet de rendre beaucoup plus calme que nature et, par conséquent, assez patient. Je suis donc restée là, et j'ai attendu. Mais au fur et à mesure que l'effet des drogues s'estompait je suis devenue de plus en plus anxieuse. Ce jour-là, je n'avais personne pour venir me chercher. J'ai appelé l'infirmière pour lui dire que je devais partir, mon fils était seul à la maison, il devait être très inquiet. Il fallait que je rentre rapidement pour le rassurer.

« Vous auriez pu y penser avant », a-t-elle dit d'un ton acide. Dieu sait à quoi je pensais avant. Je ne voulais pas m'en souvenir. Ils m'ont finalement déconnectée des machines et m'ont emmenée dans une chambre individuelle, en me disant d'attendre le médecin. Comme si ça allait changer quoi que ce soit. Dès que je me suis trouvée seule, je me suis habillée et j'ai vérifié le contenu de mon sac. Dieu merci j'avais de l'argent, mes clefs, et même ma carte de téléphone – je pouvais partir. Et puis tout d'un coup, je me suis rendu compte que je n'avais pas de chaussures. Bien sûr, je m'étais couchée tout habillée, mais j'avais enlevé mes chaussures. Au moins je n'étais pas en pyjama. J'ai attendu, attendu, toujours pas de médecin. Pas d'infirmière, personne. Il fallait sortir. J'ai sonné et j'ai reparlé de mon fils à l'infirmière. J'ai insisté : je devais partir. Elle s'est fâchée, disant qu'il n'en était pas question. Alors une fois de plus, j'ai demandé une décharge, je l'ai signée, je suis partie. J'ai descendu le long couloir, pieds nus, sous les yeux étonnés de l'équipe médicale. J'ai trouvé un téléphone avec le numéro d'un taxi collé dans la cabine et j'ai demandé que l'on vienne me chercher à la porte de l'hôpital.

« Comment vais-je vous reconnaître ? » a demandé le chauffeur

« Je serai la dame aux pieds nus », ai-je répondu.

En entrant dans ma maison vide, j'ai essayé de me raconter que tout cela était drôle et qu'un jour j'en ferais une histoire amusante. Ensuite je me suis assise et j'ai pleuré.

Chapitre 28

Comment les choses avaient-elles pu dégénérer à ce point ? De quoi avais-je si peur ? J'avais peur de guérir. Il y a très longtemps, j'avais pris la décision de ne jamais me demander s'il fallait ou non continuer mon analyse. Je continuais à y aller, tout bêtement, jour après jour, mais plus je comprenais ce qui m'arrivait, plus j'avais peur. Renoncer à l'anorexie était la chose la plus effrayante qui soit. Bien sûr, j'étais bien loin d'avoir du poids en trop, j'étais même sans doute encore très maigre, mais je n'étais plus un squelette ambulant. La haine que j'avais pour mon corps s'en était encore accrue, insupportable. Mes cuisses étaient repoussantes, mon ventre obscène et, Dieu merci, je n'avais pratiquement pas de seins, sinon je n'aurais pas pu le supporter. Je prenais l'habitude de me tenir sur le bord de ma chaise parce que si mes cuisses s'appuyaient dessus, elles paraissaient plus larges. Il n'en fallait pas plus pour me mettre dans un état de panique. Des cuisses. Insoutenable.

Je me souviens, qu'au début, enfermée à St-Clément, on m'a emmenée dans les sous-sols où les appareils de radiographie étaient installés. On m'a dit de me mettre torse nu et d'attendre dans une cabine que l'on m'appelle. J'ai enlevé ma robe noire trop grande et j'ai attendu, vêtue seulement d'un collant noir et de ballerines, mes très longs cheveux retenus par un ruban de velours. Au moment de sortir de la cabine, lorsque la radiologue m'a dit de m'approcher, j'ai été surprise de l'entendre me tutoyer. J'ai dû avoir l'air un peu perdue, car elle m'a appelée une deuxième fois, me disant de ne pas avoir peur. Mais cette fois-ci, elle a ajouté « chérie ». C'est là que j'ai réalisé, avec un plaisir grandissant, qu'elle avait pris mon corps si maigre, sans seins, aux genoux saillants, pour celui d'une petite fille.

C'est donc ça que je voulais ? Peut-être. Pas tout à fait, mais c'était certainement mieux que d'avoir le corps d'une femme. C'était déjà ça. Plus tard, beaucoup plus tard, je me suis surprise moi-même, quand je suis entrée dans une pièce où se tenaient plusieurs adolescents, allongés par terre ou s'appuyant contre le mur, en train de fumer. Voyant leurs hanches étroites, leurs ventres plats et leurs longues jambes toutes maigres, j'ai réussi à capter de justesse une pensée avant qu'elle ne m'échappe. Je me suis dit « c'est comme ça que je veux être ». Voilà, c'était dit. Je l'avais attrapé. Mais pourquoi ? Pourquoi voulais-je un corps de garçon ? Après tout, j'étais une femme adulte, pas une jeune fille à peine pubère, qui a peur de ce qui l'attend. J'avais deux enfants. J'avais aimé être enceinte, même accoucher. Je ne voulais pas être un homme. Mais quand même, ça devenait de plus en plus évident, je ne voulais pas être une femme non plus. Et pourquoi ? Eh bien voilà, il y avait un tas de raisons, mais je ne vais pas étaler ici toute mon enfance, pas plus que toute ma relation avec ma mère, ou avec mon père. Mais en analyse ça devenait clair. Pour moi, être une femme voulait dire être totalement impuissante. Et l'anorexie était la force et la toute-puissance. L'anorexie était le contraire de la féminité. Squelettique voulait dire forte, donc le conflit était insupportable. J'étais terrorisée à l'idée de sortir de mon château fort phallique. Je ne pouvais pas faire face à la douleur ni à la panique. C'était la pire chose au monde. Je ne pouvais pas guérir, et je ne pouvais pas non plus battre en retraite et crever de faim. Alors je me réfugiais dans le noir.

Chapitre 29

L'intérieur de la boîte aux fous était blanc, blanc comme la pleine lune. Et tous les garçons de salle en blouse blanche. C'est bien ça le fantasme, n'est-ce pas ? Et c'est exact. Sauf que personne ne portait de blouse blanche dans cette boîte-ci. C'était sans doute voulu. Et il n'y avait aucun garçon de salle. Il y avait du personnel infirmier, pour la plupart des femmes, habillées et maquillées dans des tons trop vifs. Mais l'idée première, le fantasme des garçons de salle en blouse blanche, est plus proche de la vérité des lieux. Pas stérile, même pas spécialement propre, mais l'endroit était dans son essence même, blanc et froid. Le néon au-dessus du lit donnait une lumière blanche tout à fait appropriée, mais en fait les murs étaient de couleur crème et les couvre-lits verts. Vert hôpital. Vert prison. Il aurait mieux valu qu'ils soient blancs. J'aurais compris beaucoup plus clairement où je me trouvais. Certainement pas dans un hôpital. Parce que je ne me disais pas la vérité. Je n'ai jamais tout à fait admis que j'étais enfermée dans la boîte aux fous. Enfin presque jamais. Et naturellement, les psychiatres ne pensent pas du tout comme ça, ils pensent être des médecins comme les autres, jambes cassées ou esprits cassés, ils aiment penser que c'est la même chose.

La première fois. Dans le bureau du Dr Blanc. Il n'allait pas m'enfermer dans la boîte. Il était *médecin*, et j'étais *malade*. Alors bien sûr il allait me mettre à l'hôpital pour me guérir. C'était une chambre, une chambre d'hôpital, et il était médecin et j'étais malade et il allait me guérir...

mensonges mensonges mensonges

Il allait m'enfermer jusqu'à la fin des temps, et après la fin de la fin des temps, jusqu'à ce que je meure, jusqu'à ce que la mort nous sépare, et tu vas souffrir et mourir enfermée dans la blancheur avec rien ni personne que du métal. Des volets en métal nu, un trousseau de clefs en acier qu'il se plaisait à agiter mécaniquement quand il entrait avec le sourire pour entreprendre l'observation furtive et indifférente de la pauvre tarée qu'il avait enfermée dans la boîte pour son bien ou son mal dans la blancheur le métal et le vide. Ce n'est pas soigner ni docteur ni aide ni médecine ni maladie ni traitement ni cure ni thérapie c'est fermer fermer fermer jusqu'à ce que tu craques ou que tu meures dans la poubelle dans la poubelle dans la poubelle.

Il fait froid dans la boîte au couvercle fermé. Et bien sûr c'est complètement fou. Une fois j'ai demandé un morceau de pain. Il m'a fallu plusieurs jours pour rassembler assez de courage, et un de plus pour me faire entendre, car ma voix était décolorée jusqu'à n'être qu'un souffle. L'infirmière a refusé « Il faut que vous me montriez l'autorisation écrite du Dr Blanc ». J'avais envie de pleurer, tant j'étais humiliée. Le matin demander « S'il vous plaît du pain s'il vous plaît » et se le voir refuser. Je ne veux pas le raconter.

L'humiliation était terrible parce que cela confirmait ma conviction profonde d'être une espèce de porc sans volonté. Mais un seul morceau de pain ne suffisait pas. Quand tu finis par te permettre de manger après une longue période de jeûne, ton corps hurle de faim – plus tu manges, plus tu as faim. Un morceau de pain me laissait plus affamée que si je n'avais rien mangé. Il m'avait fallu plusieurs jours pour premièrement me convaincre qu'avoir faim était normal et acceptable, pour pouvoir l'avouer à quelqu'un, et puis finalement demander le morceau de pain en question.

Les anorexiques ne demandent pas à manger. Demander signifie être sans volonté, admettre d'avoir faim signifie que vous êtes faible. Non seulement faible, mais encore goinfre et dégoûtante. Il m'a fallu beaucoup de temps pour trier tout cela dans ma tête, et tout mon courage pour demander. L'humiliation était pire que tout, bien pire que les affres de la faim. L'infirmière continuait à faire son travail. Elle n'avait pas la moindre idée du fait qu'elle venait de me renvoyer, humiliée et honteuse, dans ma prison anorexique. Maintenant j'étais certaine qu'elle me méprisait secrètement chaque fois que j'étais assez faible pour me nourrir, et je me haïssais d'avoir demandé. C'est ça mon souvenir le plus douloureux. Pire que tous les autres. En le racontant à Mme Delaunay, tout d'un coup toute l'histoire m'a mise en colère.

J'ai reconsidéré St-Clément. J'ai imaginé qu'au lieu de mourir d'anorexie, j'étais atteinte d'un cancer. Le Dr Blanc m'avait enfermée seule dans une chambre et attendait que je guérisse toute seule. Avec le temps, au lieu d'aller mieux, mon état empirait. Et lui, il était de plus en plus fâché. Comment osais-je ne pas guérir ? Comment osais-je mourir ? Il allait me faire voir. Il allait rendre ma vie si insupportable que je guérirais rien que pour pouvoir sortir. Où est la différence ? De mon point de vue, ça s'est passé exactement comme ça.

Un jour, Lucien Blanc est entré, pour me trouver aux prises avec ce que j'appellerais, faute de mieux car la réalité en est indescriptible, une crise d'angoisse. Un véritable supplice. Le pire imaginable. Je sais très bien ce qu'est la pire chose imaginable. Et je ne veux pas le dire. Mais je le sais. Et cette crise était aussi douloureuse que ça. Est-ce qu'il a pris note mentalement, médicalement, pendant qu'il restait là, caché derrière son masque marqué « Docteur » ? Il n'a rien dit. Il m'a seulement regardée, les bras croisés, le visage entièrement dénué d'expression. Le psychiatre impersonnel. Le médecin.

« Je vous prescrirai quelque chose », a-t-il dit en partant. Melleril 50 et Valium 10.

Et alors, qu'est-ce que je croyais ? A l'époque je ne croyais rien du tout. C'est plus tard, beaucoup plus tard, après avoir quitté St-Clément, que je me suis fâchée. Il aurait pu appeler une infirmière. Il aurait pu rester à me parler, m'appeler par mon nom. Entendre mon nom m'aurait aidée. Même ça, surtout ça. J'étais « Madame ». C'était si douloureux de ne pas avoir de nom. Je l'appelais Lucien, et chaque fois, j'avais peur qu'il me dise de ne pas le faire, espérant en même temps qu'il comprenne et se serve de mon prénom. Il ne l'a jamais fait. Pas une seule fois. Pourquoi ne pouvais-je avoir un nom ? Parce que si j'avais eu un nom et lui aussi, là, on aurait été deux personnes. Il aurait été obligé de me traiter comme une personne, et il ne pouvait pas se le permettre. Lucien Blanc ne m'a presque jamais vue, moi. Il a vu une anorexique, c'est-à-dire la puissance opposée à lui dans une lutte de deux volontés. Et il ne céderait jamais. Supposons qu'il ait pu cesser de se tenir sur ses gardes, supposons que lui, Lucien, ait parlé à moi, Jackie. Il aurait été obligé de regarder derrière la façade anorexique, le château fort, pour voir ce qui m'avait obligée à m'y cacher. Il aurait vu la personne que j'étais avant – le bébé écorché en position de fœtus dans un coin de la pièce ou sous le lavabo dans la salle de bains. Une souffrance si atroce que j'avais dû la confiner dans mon cerveau en construisant de solides murs anorexiques pour la contenir. Et s'il avait vu cette épave de personne, qu'aurait-il pu faire ? Rien. Et la réponse est là. Il aurait été obligé de laisser tomber le bouclier de ses bras croisés et de m'avouer, ainsi qu'à lui-même qu'il voyait ma souffrance et qu'il était impuissant en face d'elle. Comme nous le sommes tous. Mais cela est si difficile à admettre. Et peut-être, s'il avait pu le faire, nous aurions pu commencer par là.

Le temps passait. Je n'arrivais pas à le chasser de mon esprit. Je rêvais de lui la nuit. Je ne l'avais pas vu depuis si longtemps, et j'étais si loin de lui, mais il était toujours ma mère. Ma mère méchante, mauvaise, celle qui m'avait maltraitée, mais ma mère quand même. J'avais envie de le voir. On dit qu'un peu de savoir est dangereux, mais j'étais tellement soulagée d'avoir mon peu de savoir, résumé par le mot béni de « transfert ». Merci Sigmund. « Transfert », ce qui signifiait : JE NE SUIS PAS UNE TARÉE PERVERSE, toutes ces émotions sont NORMALES. C'est dans tous les livres, je peux le prouver. Mot merveilleux – sans lui j'aurais été encore plus perdue dans tout ce chaos. Alors je m'y accrochais, à ma défense intellectuelle. Mais la réalité restait la même. Tous les jours, dans le train, dans le métro, j'inventais constamment des lettres pour lui. Des lettres jamais écrites, jamais envoyées. Des lettres comme celle-ci :

Cher Lucien,

Je suis en rage contre toi. Je te déteste. Veux-tu savoir comment je me porte ? (Si seulement il l'avait voulu). *Je sais, tu t'en fous complètement. Je te le dirai quand même. Je ne peux plus vivre. Je ne mange pratiquement plus, et je vis dans la misère psychique, en avalant les drogues pour que ça s'arrête. Pourquoi continuer ? Personne ne peut supporter cela. Toi tu ne pourrais pas. N'importe qui d'autre se serait déjà tiré une balle dans la tête. Je ne serai jamais libérée de moi-même. Tes méthodes sont barbares et punitives. Essaie de le nier, tu ne peux pas. Tu m'as fait si mal pendant si longtemps, tout ça pour en finir ici, comme ça. Le pire c'est que ce soir, une fois de plus, je ne me tuerai pas. Merde. Tu sais bien que je ne peux pas vivre. Pourquoi ne m'as-tu pas laissée mourir en paix ? Et comment dois-je signer cette lettre, à ton avis ? Avec mes salutations distinguées ?*

Mais en même temps j'avais envie d'écrire ceci :

Cher Lucien,

Tu me manques,

Et je n'avais même pas de nom pour signer.

Chapitre 30

Dans ma vie « d'avant St-Clément », j'avais l'habitude de peindre et de dessiner. Je préférais l'aquarelle à l'huile, à mon goût épaisse et peu subtile en comparaison. Juste avant d'être piégée dans l'anorexie, je diluais mes couleurs de plus en plus, pour aller vers quelque chose que je me décrivais comme la pureté absolue, jusqu'à ce que je réalise qu'en fait, je voulais peindre avec de l'eau claire, sur une feuille blanche préalablement trempée. J'ai failli tout arrêter là, mais un jour, par hasard, en débarrassant un placard, j'ai trouvé dans un sac en plastique une poupée de porcelaine, cassée. Je ne me rappelle pas comment elle avait été cassée. J'avais probablement gardé les morceaux avec l'intention de la réparer. Le jour où je l'ai trouvée, je ne tenais plus en place, impatiente d'aller à l'atelier et de commencer à la peindre.

C'était un bébé noir. Sa tête, ses mains, ses pieds et la moitié de ses bras et de ses jambes étaient en porcelaine. Le reste de son corps était fait de coton blanc rempli d'une espèce de paille ou peut-être de crin. En tout cas elle ne pouvait se tenir assise sans être calée, et bien sûr, elle ne pouvait pas se tenir debout. Elle était sans défense. C'était sa tête qui était cassée. Un grand trou irrégulier dans la partie droite du crâne. Sa peau foncée contrastait dramatiquement avec la porcelaine blanche couleur d'os de son crâne cassé. Le trou était profond, noir et insondable.

Pour la peindre je commençais toujours par le trou. J'utilisais du noir. Du noir pur. On m'avait appris qu'il ne fallait pas utiliser le noir pur parce que ça « tuait » un tableau. Que le noir pouvait être bleu-noir ou brun-noir, gris-noir ou vert – mais mon noir à moi, mon trou dans la tête était d'un noir solide, impénétrable, et totalement mort. Une fois installée à ma table à dessin, j'ai retourné ma poupée dans tous les sens. J'ai ramassé par terre une ficelle jaune, un peu poilue, et sur le rebord de la fenêtre j'ai trouvé un piton en fer qui servait à bloquer les volets. Ça a suffi pour me donner du travail pendant des semaines.

J'ai commencé par la suspendre à l'envers par le pied gauche. Je prenais soin de placer le trou noir bien en vue. Juste avant de m'y mettre, j'ai attaché un bandeau autour de ses yeux. Maintenant il était totalement sans défense, mon bébé cassé, jetant une ombre angoissante sur le mur du fond. En le peignant, je me sentais presque en paix. Je ne savais pas pourquoi. Tous les jours je mourais d'envie de le retrouver.

L'atelier était fréquenté presque exclusivement par des femmes autour de la cinquantaine qui aimaient produire de jolis pastels, gouaches ou aquarelles de bols de fruits ou de vases de fleurs arrangées avec goût. Personne ne prêtait attention à moi, cachée dans un coin en train de me concentrer intensément. Quand elles ont vu ce que j'étais en train de faire, elles sont devenues progressivement de plus en plus mal à l'aise. Elles ne savaient pas quoi penser, ni de moi, ni de mon bébé torturé. Moi non plus.

J'ai peint ma poupée dans toutes sortes de positions. Parfois elle avait la face par terre, les bras étalés en angle droit pour former une croix. Parfois elle était ficelée très serré en position de fœtus, visage contre le sol. A cause de la taille relative de la ficelle elle semblait attachée par des cordes très épaisses. Je l'ai empalée aussi. En fait, pas vraiment, mais dans mes dessins elle le paraissait. Je l'ai peinte de profil, à genoux, le corps avachi et sans défense, la gorge de porcelaine contre le piton, comme transpercée. Je l'ai peinte aussi dans la même position mais vue de face. Le crâne enfoncé au-dessus de ce qui semblait être son corps empalé, les bras pendants à ses côtés. Parfois elle avait les yeux bandés, parfois pas. Je l'ai peinte dans les tons de gris-bleu et de brun-bleu, toute en transparence sauf le gros trou noir. Je l'ai peinte jusqu'à ce que je n'en ressente plus le besoin. Maintenant les autres dames m'évitaient soigneusement. Elles trouvaient mes dessins dérangeants. Mais moi, pas du tout, j'en étais presque fière. Je les ai montrés à mon fils. Il les a observés un moment, m'a demandé de ne pas les accrocher au mur, puis a timidement suggéré que je pourrais peut-être peindre un chapeau par-dessus le trou. Je les ai toujours, mes poupées de cauchemar avec leurs ombres grotesques. Je ne les comprenais pas du tout à cette époque. Elles étaient prémonitoires.

Peu de temps après, j'ai décidé que je voulais travailler dans une radio, parce que ce que j'avais de mieux à vendre c'était ma voix, mon accent, mon anglitude. Je n'avais donc plus le temps, ni même l'envie, de continuer à peindre obsessionnellement ma pauvre poupée cassée. Je n'avais jamais travaillé dans une radio auparavant et je ne savais pas du tout par où commencer. A cette époque j'étais coincée dans une toute petite ville du sud de la France, sans amis et sans travail et pas grand espoir d'en trouver. Je ne connaissais absolument rien à la radio, sauf que je savais me servir d'un micro. Je suis entrée par la force de la parole, ou plutôt de la parole écrite. Au début personne ne voulait me donner ma chance. J'ai téléphoné à ce que j'imaginais être la plus grande station tout simplement parce qu'il y avait d'énormes affiches collées partout dans la ville. ABC, la plus jolie des radios. Je leur ai demandé s'ils avaient besoin d'une animatrice.

« Non. »

« Mais écoutez mon accent. » La voix à l'autre bout du fil a hésité une fraction de seconde. Il ne fallait pas qu'ils raccrochent. Je savais que l'accent anglais est considéré comme drôle et sexy. Merci Jane B. Donc il fallait parler, dire n'importe quoi mais parler.

« Je saurai prononcer les titres », j'ai continué, « ou je pourrai au moins venir vous donner des cours... gratuits. » Ai-je ajouté en désespoir de cause.

« Écrivez-moi », a dit la voix.

« Mais on n'a pas besoin de savoir *écrire* pour être animatrice », ai-je dit, incrédule.

« Écrivez. » Et on a raccroché.

J'ai écrit. Des pages et des pages. C'est une mauvaise habitude chez moi, mettez-moi devant un micro et on ne peut pas me faire taire. C'est pareil avec un stylo. Je ne suis plus moi-même. Comme je n'avais reçu aucune réponse, au bout de quelque temps j'ai appelé.

« Est-ce que je pourrais parler à M. Ardy s'il vous plaît. » A chaque fois il venait de sortir, il n'était pas disponible ou bien il n'était pas là pour la journée. Je pensais que s'il ne voulait pas me donner une chance, il pourrait au moins prendre la peine de me le dire. Je voulais une réponse, même si c'était non... J'ai repris mon stylo. « Je vais vous faciliter la vie... » j'ai commencé. Je pensais qu'il fallait mieux être encourageante au début sinon il ne prendrait même pas le temps de lire jusqu'au bout. J'ai dessiné deux colonnes de petits rectangles à droite de la page et à chaque paire correspondait une phrase écrite. Tout ce qu'il avait à faire c'était de cocher une réponse, oui ou non. Mes phrases lui ont donné une très grande étendue de réponses possibles. Elles allaient de : « Venez tout de suite, nous sommes bouleversés par votre brillant potentiel » jusqu'à : « Vous me rendez dingue, je suis beaucoup trop occupé à faire marcher cette station pour trouver le temps de parler à des gens de votre espèce. » Il y avait peut-être même un « Aaaaarghh ! » suicidaire. Je ne me rappelle plus. Je l'ai mise à la poste.

Le lendemain il m'a appelée pour me demander de venir. Une fois là-bas, j'ai fait semblant de ne pas remarquer qu'ils avaient affiché mes lettres au mur. Voilà, on m'a prise. Ce n'était pas un miracle total, quand même. Ils pensaient que mon accent ferait bien dans les pubs. Mes tout premiers mots à flotter sur les ondes radiophoniques françaises furent : « Happy Birthday, Casino. »

Mais c'était un début. Et à la longue, après avoir changé de station et commis toutes les erreurs possibles et imaginables que mes auditeurs indulgents trouvaient très drôles, j'ai fini par apprendre. J'ai réussi à faire une maquette pour une grande station et j'ai obtenu deux heures pour moi toute seule, tous les jours. L'homme qui m'a embauchée détestait les femmes. Il ne l'a pas dit comme ça, mais j'ai compris l'idée générale quand il m'a expliqué qu'il n'aimait pas entendre les voix de femme sur les ondes. Ça lui faisait grincer les dents. Tous les autres animateurs étaient des hommes. J'étais la femme alibi et on m'a donné, bien sûr, une heure de faible écoute où j'étais censée m'adresser aux femmes au foyer. Recettes de cuisine, conseils pratiques et musique rasante.

A ma plus grande joie, à cause de l'aversion que portait ce pauvre monsieur à la voix féminine, et aussi parce qu'il avait pris la peine de m'expliquer que personne ne m'écouterait de toute façon, je me suis rendu compte que je pouvais faire absolument tout ce que je voulais. Mes technos étaient heureux aussi. Personne ne leur demandait jamais d'être créatifs et ils s'ennuyaient aussi fort que mes futures auditrices. Ils étaient merveilleux. Au pied levé ils ont su faire tout et n'importe quoi à ma demande. Ils ont même travaillé pour moi pendant leur temps libre. Je pensais à mes supposées auditrices. Je prenais l'antenne tous les jours entre treize heures trente et quinze heures trente. Je me rappelais très bien ce que c'était que d'être coincée à la maison avec un bébé, allumant le poste de radio très doucement, au cas où il dormirait. Le bébé, pas le poste. A cette époque-là, je ne voulais absolument pas entendre les recettes de cuisine. Alors, mes technos et moi, on s'est envolés. Nous avons eu des chœurs d'anges atterrissant sur le toit, des éléphants passant devant la fenêtre et une fois quelqu'un s'est réellement mis à tourner autour de moi en moto dans le studio (juste une petite moto), pendant que je parlais dans le micro, pour voir si je pourrais faire face. Je pouvais.

J'aimais la radio. J'aimais la musique. Mais plus que tout, j'aimais mon micro. Au fil du temps j'ai eu des indicatifs musicaux différents. Vers la fin quelqu'un en a écrit un exprès pour moi. Je ne m'en souviens plus, même pas de celui-là, sauf qu'il était cristallin et délicat. Je le laissais couler un peu, je donnais le signal pour ouvrir le micro, la petite lampe rouge s'allumait et je m'envolais pour deux heures tous les jours. Je parlais de tout ce que l'on peut imaginer. De la magie, des hommes, des superstitions et de l'amour. Je racontais des histoires, je lisais des poèmes. Une fois, je me suis penchée tout près de mon micro pour faire le bruit d'une vache en train de lécher la tête d'un chauve. (Je ne peux pas imaginer pour quelle raison, mais ça me paraissait normal sur le moment.) Je me souviens tout particulièrement de ce bruit-là parce que le standard a été saturé d'appels pour me féliciter.

Je n'avais jamais été si heureuse. Moi et mon micro. Je n'avais besoin de personne. En anglais « I didn't need anybody ». Ce qui veut dire littéralement je n'avais pas besoin d'un corps. La femme invisible. Je suppose que tout ça pouvait être prémonitoire aussi. Je n'utilisais pas mon vrai nom. Personne ne savait qui j'étais (même pas moi). Enfin désincarnée. Mais les gens m'imaginaient, quand même. Parfois ils appelaient pour demander comment j'étais physiquement, mais je ne le disais pas. Parfois ils venaient jusqu'au studio pour me scruter à travers la vitre. Je ne correspondais jamais aux images qu'ils se faisaient de moi. Parfois ils me voyaient en rousse avec taches de rousseur, parfois j'étais une petite brune bouclée aux yeux bleus pétillants, mais ce qui m'a amusée le plus, c'est une famille entière qui m'imaginait comme une très grosse dame afro-américaine.

On m'écrivait. Des hommes tombaient amoureux. J'allais dans les rues, protégée par mon micro. Je posais des questions stupides et assez personnelles aux gens. Personne ne s'en offusquait. Je me souviens avoir demandé à un groupe de garçons, airs de durs, crânes rasés, couverts de tatouages, de me dire quel était leur conte de fées préféré.

« Bambi », m'a dit l'un d'eux, sans hésiter.

« Et quelle partie de l'histoire vous a le plus touché ? »

« Là ou il a perdu sa maman, je n'ai pas aimé du tout. » Parfois ils faisaient des suggestions obscènes, mais je faisais semblant d'être innocente, sinon carrément attardée mentale, leur demandant de m'expliquer ce qu'ils voulaient dire, les laissant patauger péniblement. Il est difficile de tenir longtemps des propos lascifs à une interlocutrice sereine, l'innocence tranquille incarnée. Et pendant tout ce temps mon micro avalait goulûment le tout, pour que dès le lendemain je puisse m'en servir à ma façon, sans aucun complexe. C'est incroyable comme j'étais heureuse une fois débarrassée de mon corps.

Et puis, subitement, j'ai perdu mon travail. A cause de l'homme qui n'aimait pas les femmes. Je ne comprenais pas à ce moment-là le rapport entre mes histoires de radio et l'absence de corps, mais ce qui m'a détruite c'est l'idée qu'en fait, je n'avais rien eu à dire, que je ne maîtrisais nullement ce qui m'arrivait. Depuis des années je sentais que je ne maîtrisais rien dans ma désastreuse vie privée, mais maintenant j'étais totalement démunie. Je savais obscurément que la femme invisible qui faisait rire tout le monde n'était qu'une toute petite partie de moi. Le problème c'était qu'elle était la seule partie de moi que je pouvais accepter. Et soudain je me suis trouvée obligée de regarder en face la partie de moi qui était sans défense et cassée. Elle m'avait envahie et je ne pouvais plus vivre. Je ne pouvais même pas admettre son existence. Il fallait à tout prix reprendre la maîtrise des choses, sinon j'allais me désintégrer.

Je me rappelle mon entrée en anorexie. Je l'avais clairement décidée, même si je ne comprenais absolument pas pourquoi ça m'était apparu comme une solution. C'était simple : j'allais arrêter de manger et tout irait mieux. Ou bien « Si c'est comme ça, je ne mangerai plus. » De toute façon, c'était un soulagement. C'était un dimanche de septembre. Le ciel était d'un bleu magnifique, sous la chaleur les feuilles des lauriers-roses s'étaient couvertes de poussière et des lézards minuscules traversaient les dalles rouges et chaudes de la terrasse. Ma vie s'écroulait autour de moi. J'avais lutté pendant des mois pour empêcher que tout parte dans tous les sens, mais quoi que je fasse, rien n'avait aucun effet. Je me voyais en train de marcher le long d'un chemin, au milieu d'une forêt noire, des arbres énormes s'écrasant autour de moi. Tôt ou tard l'un d'eux allait me tomber dessus, je le savais, mais je ne pouvais rien faire. Et finalement, c'est arrivé.

Je ne pouvais pas empêcher les larmes de couler sur mon visage à tout moment. Acheter une baguette ou passer un coup de fil et je pleurais. J'ai le souvenir de moi par terre sur les carreaux froids de cette maison du Midi, les genoux sous le menton, blottie dans un coin du salon. Je passais des heures à pleurer, enfermée dans la salle de bains pour que les enfants ne sachent pas. Je me faisais des illusions, comme d'habitude.

Et puis, ça m'est venu. J'allais arrêter de manger. Je suis entrée en anorexie comme j'imagine que l'on prend le voile. Sœur Autodestruction dans le des-ordre des cachectiques. Une étrange coïncidence allait me mettre en face de ce que je considérais comme mon destin. Une amie venait d'avoir un accident de voiture. Ce n'était pas grave, une légère lésion au foie provoquée par le choc contre le volant. L'hôpital avait voulu la garder quelques jours en observation. Elle n'avait pas le droit de manger, elle allait donc être nourrie par perfusion, le temps de s'assurer que son foie était bien cicatrisé. Donc, ce même dimanche où je venais d'entrer en anorexie, je me suis trouvée à ses côtés. Je ne pouvais pas détacher mes yeux de la perf. La tête me tournait et j'avais des crampes d'estomac.

« Combien de temps avant que je finisse comme ça ? » je me demandais. Je me faisais peur avec des images atroces de gens faisant la grève de la faim en prison. Je me demandais si à la fin mes os perceraient à travers ma peau desséchée comme du papier. Est-ce que l'on me mettrait des bandages aux coudes et aux genoux ? Est-ce que ça allait faire mal, ou est-ce que j'irais si loin que j'atteindrais un état proche du rêve, flottant entre la conscience et l'inconscience avant de pouvoir enfin, littéralement disparaître ?

« Tu es si pâle et si triste », m'a dit mon amie, « qu'est-ce qui ne va pas ? »

« Rien », j'ai répondu, « je vais très bien. » Et je commençais à me sentir mieux.

Chapitre 31

Donc, apparemment j'allais mieux. Du moins je ne pleurais plus. Pendant longtemps personne n'a remarqué ce qui m'arrivait. Je continuais à faire la cuisine pour tout le monde, malgré ma faiblesse. Seulement, je ne mangeais pas. Au début, je perdais du poids à une vitesse impressionnante. Mon corps n'avait pas encore appris à se défendre, comme il allait le faire plus tard. Tandis que sur la balance les chiffres descendaient en flèche, j'ai ressenti pour la première fois cette bouffée de satisfaction intense. J'ai tout supprimé sauf les yaourts et les pommes. Mes vêtements s'étaient mis à flotter sur mon corps et je me demandais si quelqu'un finirait par le remarquer. Je me posais la question de savoir si c'était important pour moi. Après tout, qu'on le remarque ou non, qu'est-ce que ça pouvait bien changer ?

Un après-midi le téléphone a sonné. C'était notre médecin de famille. Il était jeune et gentil. On se tutoyait et parfois, dans mon émission de radio, je lui avais passé des disques à l'heure où il faisait ses visites en voiture. Il aimait Carly Simon et Kim Carnes. Sa voix était neutre quand il m'a demandé de venir le voir dans son cabinet.

« O.K., mais quand ? » j'ai demandé.

« Maintenant, dès que tu peux. Je t'attends. » C'était bizarre parce qu'il y avait toujours beaucoup de monde à ses consultations. Je ne comprenais pas, mais j'y suis allée tout de suite. Il avait l'air bouleversé. Il m'a dit qu'il m'avait vue dans la rue, de sa voiture. Il avait eu un choc.

« Je t'ai à peine reconnue », a-t-il dit, « qu'est-ce qui se passe ? » L'espace d'un instant, j'ai pensé à inventer une maladie mystérieuse, mais je savais qu'il n'était pas stupide. Je lui ai dit la vérité. Qu'est-ce que j'aurais pu dire d'autre ? Je ne pouvais quand même pas raconter que j'étais au régime, j'avais toujours été mince, et en plus, aucune personne jouissant de toutes ses facultés mentales ne pouvait *vouloir* ressembler à ça. (A part moi, bien sûr.)

Il a d'abord essayé de me faire peur. Il m'a expliqué la situation. Que mon cerveau avait besoin de sucre pour fonctionner, les histoires de lésions réversibles et irréversibles, que mon cœur pourrait s'arrêter de battre à tout moment à cause des électrolytes. Je lui ai dit que tout ça m'était égal. De plus en plus ému, il m'a dit qu'il ne voulait pas avoir à signer mon certificat de décès, mais qu'il aurait à le faire dans les trois semaines si je continuais comme ça. Il a parlé de mes enfants. Et là, il me tenait. Je me suis effondrée. Non, je ne voulais pas leur faire ça. Mais j'étais déjà piégée.

Il a dit qu'on avait besoin d'un peu de temps, pour qu'il se renseigne sur les différentes méthodes de traitement possibles. Entre-temps, il m'a fait promettre de prendre une espèce de boisson pour athlètes, au glucose et aux vitamines. J'en ai acheté six bouteilles que j'ai posées sur le comptoir de la cuisine. Je n'ai pas pu les boire. J'ai essayé. Je me suis versé verre après verre de ce truc, mais même devant mes enfants je n'ai rien pu avaler. J'ai fini à l'hôpital où l'on m'a alimentée par perfusion. Ça n'a rien changé. Quand je suis sortie, je ne pouvais toujours pas manger.

Un jour une amie m'a appelée. Jusque-là, elle avait toujours affirmé avec ostentation à qui voulait l'entendre, que ce que je faisais avec mon propre corps était *mon* affaire.

« J'ai entendu parler d'un médecin qui est spécialiste en anorexie » m'a-t-elle dit, l'air un tantinet trop décontractée.

(En fait, elle m'a avoué plus tard qu'elle avait frénétiquement essayé de trouver quelqu'un, n'importe qui, qui ait l'air de comprendre, ne serait-ce qu'un peu, ce qui était en train de m'arriver.)

« Il s'appelle Lucien Blanc et il peut te voir demain soir à vingt et une heures... je t'emmènerai en voiture. »

Je me rappelle avoir essayé d'imaginer à quoi pouvait ressembler quelqu'un avec ce nom-là. Un grand brun très mince, ai-je décidé, avec de longs doigts maigres et des yeux noirs et intenses, comme le portrait de Frère Hortensio par le Greco. Je trouvais bizarre qu'il m'ait donné rendez-vous si tard. Il s'attendait sans doute à être confronté à un cas assez urgent. Peut-être avait-il tenté d'imaginer à quoi elle ressemblerait, cette nouvelle patiente. Mon amie avait expliqué à la secrétaire qu'il s'agissait d'un cas d'anorexie, un cas urgent. Elle avait tout de suite proposé le premier rendez-vous possible le jour même, mais mon amie lui avait expliqué que je ne pouvais pas manquer mes cours de l'après-midi. Elle n'a pas dit que c'était moi qui les donnais ces cours. Depuis que je n'étais plus à la radio j'enseignais l'anglais. J'étais obligée de faire attention, m'agrippant à mon bureau quand je me mettais debout pour ne pas m'évanouir devant mes élèves. Peut-être la secrétaire avait-elle dit à Lucien Blanc qu'elle avait dû donner un rendez-vous très tard à une anorexique pour ne pas lui faire manquer l'école. Si, pour ma part, j'attendais un grand ténébreux sophistiqué, lui attendait peut-être une adolescente gravement malade.

Je ne voulais pas y aller. Mais mon amie et moi étions d'accord sur une chose, épargner mes enfants.

« Tu dois y aller. Tu ne peux pas leur faire ça. » Et j'y suis allée.

Chapitre 32

Mais tout cela semblait si loin maintenant. Je ne l'ai pas rêvé, j'avais vraiment eu un job ? Des amis ? Tous les matins maquillage, grand sourire, micro :

« Bonjour, vous êtes à l'écoute de Radio D. Il est treize heures trente, je suis Jackie Sinclair et nous allons passer deux heures ensemble. Un petit café et on y va... »

Et les amis, où étaient-ils maintenant ? Question stupide : Certainement toujours au même endroit. La vraie question c'était de savoir où j'en étais, moi.

J'étais de nouveau sur le toboggan. C'était l'été. Dans le train de banlieue allant vers Paris, j'ai eu une étrange expérience. Dans ces trains, il y avait souvent, il y a toujours, toutes sortes de mendiants, de musiciens et de gens bizarres. Parfois des musiciens assez bons. Il y avait deux jeunes gens avec guitares qui ne chantaient jamais autre chose que « The Windmills Of My Mind » et « Homeward Bound ». Ce devait être un bon choix parce que tout le monde s'animait dès qu'ils se mettaient à chanter et personne ne se plaignait de leur répertoire limité. Il y avait un étrange individu en complet gris et cravate qui ressemblait à un employé de banque. Il avait environ la trentaine et s'asseyait avec son clavier électronique sur les genoux sans jamais regarder personne. Il chantait des chansons d'amour désuètes qui datent de bien avant sa naissance, peut-être les avait-il apprises de sa maman ou de sa grand-mère. Il ne demandait jamais d'argent mais il s'en sortait bien quand même. Parfois, un soixante-huitard vieillissant, cheveux blonds très gras, moustache maigre et mal soignée, chantait « Je suis venu te dire que je m'en vais » de Gainsbourg. Si tu fermais les yeux, c'était assez émouvant. Et puis il y avait le petit homme qui jouait « Lettre à Élise » si atrocement sur une flûte à bec en plastique. Je suis rarement atteinte au point de devenir physiquement violente, mais là, j'étais obligée de lutter contre l'envie urgente de le jeter par la fenêtre, lui ou tout au moins son horrible flûte.

Parfois passait une terrible créature, échappée de la Cour des Miracles, effrayante. Un homme qui se déplaçait en crabe dans une claudication grotesquement exagérée. Les cheveux frisés à la diable et feutrés de crasse. Chaque fois, il insistait pour retrousser son pantalon et exhiber ses jambes rouges et violettes, couvertes de croûtes. D'une voix aiguë il hurlait des injures à tout le monde, montant et descendant précipitamment le couloir. Il ne demandait même pas d'argent et chaque fois, les gens étaient tellement choqués que personne ne bougeait. Une fois, il a hurlé qu'il n'avait rien mangé depuis trois jours. Une femme au visage fatigué, qui pouvait être femme de service d'un hôpital, lui a tendu son repas soigneusement emballé dans du papier alu. Il l'a jeté à travers le wagon où il a atterri sous un siège, puis lui a dit d'aller se faire foutre.

Une autre fois, une vieille dame, aux cheveux orange vif, énorme, s'est assise de l'autre côté du couloir, en face d'un jeune homme. Elle se murmurait des choses à elle-même, un petit peu plus fort à chaque fois, jusqu'à ce que je puisse entendre ce qu'elle disait. Elle marmonnait des obscénités incroyables, dans le vocabulaire le plus riche que j'aie jamais entendu. Subitement elle a fixé le jeune homme bien habillé. Elle a commencé à l'admonester et à le congratuler tour à tour d'être le fier possesseur de ce qu'elle nommait « son vit ». Elle lui disait qu'elle savait d'où il venait et qu'il ne pouvait pas le nier.

« Nous venons tous du même endroit », elle jubilait, « même toi, même moi, le vit, le vit, le vit »... Interrompant le flot, il s'est levé subitement, et l'a projetée violemment à travers le couloir. Elle a atterri sur moi. L'espace d'un moment j'ai été écrasée sous son poids considérable mais, avant que j'aie pu essayer de bouger il l'avait déjà relevée. Le train s'arrêtait, et il l'a poussée sur le quai où elle est restée assise, les jambes droites devant elle comme une énorme poupée qui a perdu une partie de son rembourrage. Au moment où l'on s'éloignait elle a sorti son ouvrage et a commencé à tricoter, vomissant sans cesse ses obscénités anciennes et modernes. Le jeune homme a repris sa place et tout le monde a fait comme si de rien n'était.

Mais un après-midi de juillet, quelque chose de vraiment étrange est arrivé. Il faisait très chaud. Une vieille dame était montée à l'autre bout du wagon. Je ne pouvais pas la voir, mais elle trimballait une énorme radiocassette et criait quelque chose que je n'arrivais pas à entendre à travers le grésillement de l'appareil. Sa voix était aussi forcée, aussi fêlée que la musique. Alors qu'elle avançait vers moi dans le couloir, j'ai vu que je m'étais trompée. La vieille dame était un homme. Aux alentours de la trentaine peut-être, le visage porcin et rose, les cheveux jaunes décolorés. Du moins, il avait l'air d'un homme. Il portait une casquette de marin bleue et un tee-shirt rose pâle étriqué, tendu sur une poitrine si flasque qu'il paraissait avoir des seins. Il avait un mouchoir jaune et bleu noué autour du cou et, malgré la chaleur, il portait un pantalon en velours côtelé. Ses tennis blanches étaient toutes neuves et, sur son avant-bras, il exhibait un tatouage grossièrement exécuté que je n'arrivais pas à déchiffrer. Il voulait de l'argent, mais comme il a expliqué, il ne savait pas jouer d'un instrument. Au lieu de ça, il allumait et éteignait alternativement sa radio, nous assénant des bouffées de sons assourdissants.

« Je fais ça parce que je vais mourir. » Il s'adressait à tout le wagon : « Oui, je vais mourir, aidez-moi avec une petite pièce. » « Eh », il continuait, « il paraît que quand tu es mort tu ne peux pas prendre le train. Regarde », disait-il, en poussant son tatouage sous le nez d'une dame en bleu marine et collier de perles, « voilà ma tombe. Ici sur mon bras. Parce que je vais mourir. » J'ai regardé le tatouage subrepticement. C'était dessiné grossièrement, mais oui, il y avait bien là une espèce de tombe rectangulaire avec une croix à l'encre bleue.

Le train est entré en gare. J'étais l'une des dernières à sortir. J'étais tellement affaiblie que l'effort me coûtait. L'homme bizarre quittait le train. Puis il a paru changer d'avis et s'est retourné à la dernière minute. Il s'est avancé vers moi et m'a saisi la main. Avant que j'aie pu réagir, il l'a embrassée, je n'aime pas le dire, tendrement. Il m'a dévisagée d'un air singulier. Il est possible que je l'aie regardé avec compassion – mais j'ai trouvé l'écho de mon expression dans ses yeux.

« Bonne chance », a-t-il dit doucement de sa voix cassée, « bonne chance à toi pour ta mort. »

Chapitre 33

J'avais atrocement faim et très froid à tout moment, mais j'étais habituée. C'est étrange, la plupart des gens, même ceux qui sont censés connaître l'anorexie, semblent croire que si l'on est en train de mourir de faim, si l'on se traîne péniblement dans un état squelettique, en fait on ne souffre pas de la faim. Les anorexiques crèvent d'envie de manger à tout moment et en rêvent même la nuit. Ils ont froid, ils ont faim, ils sont épuisés. Chaque seconde qui passe, ils sont obsédés, non seulement par leur poids mais aussi par la nourriture. Comme une terrible rage de dents, quand le sang bat en cadence dans les gencives enflammées et les joues pulsent de douleur. La faim, c'est ça. Il est arrivé que ma main porte de la nourriture à ma bouche, malgré moi, et que je la recrache, prise de panique. L'anorexique ne *peut* pas céder, mais ça ne veut pas dire que son corps ne soit pas en état de manque, hurlant de faim. Et avec le temps cela empire. Le corps sait de quoi il a besoin. Que la personne se prive volontairement de manger, ou bien y soit contrainte sous la torture dans un camp de concentration, cela ne fait aucune différence pour l'estomac, les muscles et le cerveau. La faim est la même. Et le froid. Et ça ne s'arrête pas.

Une anorexique, attablée dans un café, à midi, blottie dans l'enveloppe protectrice d'un manteau trop grand, boit tasse après tasse de café noir. Elle essaie, l'espace de quelques minutes, de soulager ses tiraillements d'estomac. Ça ne soulage rien. Quand elle observe les gens autour d'elle, en train d'enfourner morceau après morceau, elle a envie de se jeter à travers la table, de saisir la bouffe à pleines mains pour se la fourrer dans la bouche. Mais elle ne peut pas. Elle ne peut pas se permettre de pleurer non plus.

« Encore un café, garçon, s'il vous plaît. »

5 juin

Je n'ai plus la force de penser, ni d'analyser, ni d'essayer de comprendre. J'en ai marre. Marre de regarder, marre de raconter. Pauvre Mme Delaunay. C'est de la merde. Pire, de la merde sans intérêt. De la merde entièrement et totalement rasante, que je suis obligée de regarder et de remuer pendant quarante-cinq minutes quatre fois par semaine. Quarante-cinq minutes et puis dehors, dans la rue. Trouver la force quelque part, par n'importe quel moyen, de marcher. Placer un pied devant l'autre avec application. Pas après pas. Prendre le métro, monter dans le train, marcher, pleurer, mourir. (S'il te plaît Dieu, laisse-moi mourir, fais que ça s'arrête.) Arriver à la maison – prendre l'air normal pour les enfants. (Je me racontais des histoires, comme d'habitude.)

6 juin

Mourir est plus difficile qu'il n'y paraît. Si seulement j'y arrivais. Le problème est que je veux disparaître et en même temps je travaille durement à me libérer. C'est un travail tellement fatigant, jour après jour.

10 juin

L'anorexie est une lourde et lente horreur. Constante, toujours présente, ça ne lâche jamais prise. Ça ne se voit même pas. Que voit-on ? Une jeune femme pâle, habillée de noir, maigre, la tête paraissant trop grande pour son corps. Triste. Rien d'autre. Rien que l'on remarque vraiment. Suspendue en anorexie, ni guérie, ni mourante d'inanition. Que peut-elle faire ? Monter à la surface, ou couler ? Tout ce qu'elle sait, c'est que si elle prend deux cents grammes c'est l'enfer, atroce, tout de suite. Elle n'y échappera jamais. Et elle ne mourra même pas de faim. Quelqu'un la repêche chaque fois qu'elle coule. Mais elle ne peut pas vivre. Suspendue dans la piscine glaciale puante de chlore, elle ne peut ni nager ni couler. Les corps ne coulent pas aussi facilement que ça. Condamnée à vivre. La mort s'est retirée, mais la vie n'est pas venue prendre sa place.

18 juin

Je suis de nouveau piégée. J'ai arrêté de manger. Un kilo de moins. Tension énorme chaque matin sur la balance en attendant que le prochain kilo tombe. J'ai faim. Je suis fatiguée. Je suis en colère, sans défense, et j'en ai assez.

22 juin

Je suis occupée à perdre du poids. Une fois de plus. Ça demande une concentration particulière. Concentration n'est peut-être pas le mot qui convient. Je dois rassembler toute mon énergie mentale et physique, rassembler toutes les ressources qui me restent, pour fondre par la seule force de ma volonté. Parce que la privation de nourriture à elle seule ne suffit pas. Mon corps a appris toutes les ruses, il y a longtemps. Il stocke. Deux miettes et une cuillère de yaourt suffisent à le maintenir à poids constant. Pour amener, par la ruse, ce salaud de corps à perdre (même deux cents grammes est une victoire immense maintenant), je dois ne rien manger du tout pendant au moins deux jours. Je viens de me débarrasser de six cents grammes en mourant presque littéralement pendant deux jours. Je ne pouvais plus vivre. Je n'en pouvais plus. je me suis droguée jusqu'à l'extrême limite et je me suis glissée dans la chambre d'amis en retenant ma respiration pour maigrir par la force de ma volonté. Je suis déjà un fantôme.

25 juin

Je viens de manger. C'est insupportable. Pas sous la torture, comme à St-Clément. A cette époque, quand j'écrivais « je viens de manger », c'était l'enfer. J'imaginais la graisse et la chair qui allaient immédiatement pousser sur moi comme des excroissances malignes. Le désespoir d'avoir une fois de plus perdu la bataille, sachant que même la souffrance du moment ne servait à rien, que j'allais retomber dans l'anorexie aussitôt sortie. En attendant c'était l'enfer. Ce soir, Dieu merci, ce n'est pas pareil. Mais quand même, je viens de manger. Je ne veux plus vomir douloureusement dans la salle de bains. J'ai mangé. Ce soir j'ai mangé un morceau de viande et une pomme. Je me dis : « Les protéines ne font pas grossir. » Je sais, je sais, mais la viande est lourde. *Demain la balance du jugement affichera peut-être deux cents grammes de plus et je paierai le prix pour avoir mangé. Je pense que tout ça devrait s'intituler « L'Anorexie, un passe-temps absorbant » (Non absorbant serait plus exact) ou « Vous aussi pouvez mourir de faim », mais ce ne serait pas vrai. Comme disent les Américains dans leurs pubs pour des régimes miracles « Je suis la preuve vivante ». Eh bien, je suis la preuve vivante que ce n'est pas facile et qu'il faut du temps. C'est atroce et ça ne marche même* pas. *J'ai besoin de nouveaux livres : « Comment vaincre votre propre corps. » J'achète tous les magazines stupides avec « Comment perdre huit kilos en six semaines » écrit en rouge sur la couverture. Aujourd'hui je me suis rendu compte que si je faisais ça je serais morte dans six semaines. Ceci dit, je ne suis pas passée loin. Trente-quatre kilos, ce n'est pas si mal, et j'y suis restée longtemps. Dieu que je suis cinglée. Je sais. Je dois être l'experte mondiale en autodestruction, et ennuyeuse avec ça. Si seulement c'était intéressant à écrire – comme par exemple « Risquez votre vie, adonnez-vous à la S.M. dans les cryptes d'églises isolées de la Bretagne profonde ». Mais, « J'ai mangé, c'est un enfer », même ma* torture *est sans intérêt. Aide-moi, je ne suis même pas capable de mourir de faim, même ça, je le rate. Et demain ça recommence.*

28 juin

Victoire, deux cents grammes. Je sais que c'est dérisoire. Toute mon existence, toute ma vie, *basée sur les chiffres de la balance. Et j'ai faim. Affamée, épuisée, obsédée. Je n'arrête pas d'y penser. Parfois j'ouvre le frigo dix fois par heure. Manger – non, manger – non, manger – non. Si je cède, il me faut tout vomir dans les dix minutes qui suivent. Alors je* ferme *le frigo. Je regarde le pain. Je crève.*

5 juillet

Je crois que je n'ai pas la force de décrire ces derniers jours. J'ai passé la journée d'hier au lit dans la chambre d'amis, droguée de somnifères. Je ne peux faire face – faire face à rien. Vu Mme Delaunay, elle est inquiète. Parlé de retourner en clinique. Tout le monde me dit que j'ai perdu beaucoup de poids, que j'ai l'air tellement plus maigre. Plus maigre que quoi ? Plus maigre que quand ? Je ne sais pas. Ils ont sans doute raison. J'ai pas mal lutté contre la nourriture ces derniers temps. Je me réveille à cinq heures du matin, paniquée, j'arrache mon pyjama et je me pèse. Affolée par deux cents grammes. Je retourne au lit, et dès que je peux me réveiller « officiellement », je recommence tout. Je sais que c'est fou, je n'y peux rien.

Mme Delaunay veut savoir ce que je compte faire pour m'en sortir. Je ne sais pas. Si, je sais. Je sais parfaitement ce que je vais faire. Si je peux, je prends l'ascenseur direct jusqu'à trente-quatre kilos, et ensuite on en reparlera. Je lui ai dit la vérité (mélangée à d'autres trucs).

Si je pouvais faire tout ce que je veux, je sortirais d'ici pour aller dans un endroit beau et paisible où on ne me demanderait rien. Avec des livres, du papier et de la musique. Et quelqu'un qui me préparerait de la bonne nourriture sans que j'aie besoin d'y penser. Et tant qu'à rêver, j'aimerais avoir avec moi une amie, quelqu'un qui m'aime. Pour parler, ou ne rien dire. Peut-être que dans ces conditions je pourrais manger. De toute façon, rien de tout cela n'est possible. Conversation intellectuelle avec Mme Delaunay : « La liberté est dans votre tête. Personne ne peut vous l'enlever ». Eh bien c'est déjà fait.

Parfois je pense que je vais mourir en m'étouffant penchée au-dessus des chiottes. Mourir comme ça. Quelle ignominie. La dernière fois, j'ai vraiment cru que ça allait finir comme ça, mais j'ai réussi à m'en sortir à force de tousser et de crachoter. Il va falloir que je me glisse en douce dans la salle de bains pour que personne n'entende. Cette fois j'y vais, il le faut. Je ne peux pas supporter cette nourriture dans mon corps. Je sais que je suis malade. Malade à crever.

Chapitre 34

Il était évident que je devais retourner à l'hôpital. Mon mari était en colère.

« Si tu veux retourner à l'hôpital », m'a-t-il informé (J'aimais le « tu veux »), « tu iras à St-Clément ». Mon mari approuvait les méthodes de Lucien.

Je me vois, assise sur l'extrême bord du divan, dans le bureau de Mme Delaunay, pendant qu'il l'en informait. Je me tenais parfaitement immobile, les yeux fixés sur le tapis. Parler était trop fatigant et d'ailleurs, qu'est-ce que j'aurais pu dire ? J'étais arrivée à la fin de quelque chose. Je ne savais pas quoi, mais à ce moment précis j'ai arrêté de me débattre. J'étais envahie par quelque chose que je peux seulement décrire comme une acceptation. Ou est-ce que c'était de la résignation ? De toute façon je sentais que quelque chose venait de tomber doucement. Une peau ancienne, comme celle d'un python qui mue, a glissé sans un bruit de mes épaules. Je restais toujours immobile. Personne n'avait rien remarqué.

« Maintenant tu m'as perdue », je pensais, « maintenant je peux mourir. »

Bien sûr, personne ne pouvait entendre tout ça. Mais Mme Delaunay n'avait pas l'intention de laisser les choses en l'état. Elle a insisté pour que mon mari me conduise immédiatement, sans rendez-vous, chez le Dr Chevalier.

« J'irai le voir », j'ai dit « pour lui demander d'augmenter mes doses de médicaments. Mais je ne retournerai plus jamais à l'hôpital. Nulle part. »

Je suis restée dans un état d'apathie extrême pendant plusieurs jours. J'étais engourdie, je ne sentais plus rien. Et c'était l'été. J'étais contente que ce soit l'été, les choses semblaient moins désespérantes, et se résigner était tellement plus paisible que lutter en permanence jusqu'à l'épuisement. Je devais être un peu désorientée parce que mes souvenirs ressemblent à une série de Polaroïds, légèrement déconnectés.

J'étais assise dans un vaste gymnase. L'air vibrait de cris de combat durs et sourds, de hurlements d'enfants et du son mat des corps en kimono tombant sur les tapis verts. Il y avait une odeur envahissante de sueur et de baskets pourries. Et puis je me suis retrouvée dans la voiture à côté de mon mari. Il faisait extrêmement chaud. Ensuite dans le bureau du Dr Chevalier. Il avait l'air pas fâché, pas exactement inquiet, il paraissait déterminé. Je me rappelle lui avoir demandé des doses plus fortes d'antidépresseurs. Il m'a dit que c'était impossible. J'ai essayé de le convaincre, je lui ai dit que je ne retournerai plus jamais à l'hôpital, mais si seulement il pouvait me donner des médicaments plus forts je partirais en Angleterre pour voir ma mère. Si seulement je pouvais aller en Angleterre, j'irais mieux. Je lui ai dit que je n'y étais pas allée depuis des années. Je n'avais pas vu ma mère depuis si longtemps. Si je pouvais seulement prendre l'avion, je serais O.K.

Il m'a dit que dans cet état je n'arriverais jamais jusqu'à l'aéroport. Et si j'y arrivais on me récupérerait en ambulance à l'arrivée. Tout en parlant, il a sonné et sans demander l'avis ni de mon mari ni de moi-même, il a dit à la dame qui venait d'entrer de me trouver une chambre tout de suite. Ce qu'elle a fait.

« Je me sens tellement nulle », je lui ai dit plus tard « revenant ici comme ça. »

« Vous n'êtes pas nulle. Vous marchez sur une corde », il

a répondu, « et j'espère pouvoir vous donner un filet de sécurité. »

La clinique. Juillet.

Merci mon Dieu pour cet endroit et pour Mme Delaunay. La paix. Pas pour longtemps, je le sais, mais même un peu de répit. Pouvoir me reposer. Ici je peux dormir. J'aimerais dormir toute la journée, mais je ne dors pas la nuit. Mes dents sont serrées, cramponnées à mes pensées, et à cinq heures c'est fini. Pas mes pensées, mais tout espoir de sommeil. Parfois je pourrais pleurer sur moi-même, mais je ne le fais pas bien sûr. Comment pourrais-je pleurer quand c'est moi qui ai fait tout ça à moi-même, et qui continue ? Je suis sur la terrasse. Quelqu'un joue du piano. Plutôt bien, en fait. Le soleil est anglais, ce qui est étonnant étant donné que je suis en France. Un soleil qui réconforte sans brûler. Du thé. Le cèdre qui ombrage une si grande partie du jardin.

Mais je suis brûlée, j'ai des cloques. Ici ils soignent mes brûlures. De l'onguent sur les plaies qui suintent. Personne, absolument personne ne pense que je suis tarée. Mais ils m'ont quand même dit que je risque de mourir à tout moment, là, comme ça. Ça ne m'impressionne pas, je l'ai entendu tant de fois. Je le crois sans le croire. Pour l'instant il y a toujours la terrasse, le soleil, des livres et la paix. Jusqu'à ce que l'orage reprenne avec toute sa furie, j'écouterai le piano, et maintenant, les cloches de l'église.

Chapitre 35

Quelques jours plus tard, j'ai été réveillée tôt, pas par les cloches de l'église mais par un bruit de tronçonneuse. À mon horreur, j'ai vu par la fenêtre des hommes en combinaison verte en train d'abattre le cèdre du Liban. Ils travaillaient de façon systématique. D'abord ils ont coupé les plus petites branches. Ils les ont laissées tomber par terre, entassées autour du tronc exposé. Dans la lumière du matin l'arbre paraissait nu, comme une femme accusée d'avoir couché avec l'ennemi, les cheveux tondus encore à ses pieds. Ensuite ils ont enlevé les grosses branches et puis, ce qui leur a pris toute la journée, ils ont débité le tronc en tranches fines que les gens se sont empressés d'emporter pour faire des tables de jardin. On démembrait l'arbre ancien comme une carcasse, avant de l'emporter ailleurs pour le transformer en pâté pour chiens. C'était comme une scène terrible du film Le Tambour. L'immense tête de cheval, coupée, tirée sur la plage, la gueule et les orbites remplies de gros poissons obscènes encore frémissants. Ce n'était plus un étalon magnifique mais un morceau de charogne atroce. Sous mes yeux, on chargeait les restes sur un camion qui a finalement disparu au bout de l'allée laissant derrière lui des flaques de sciure et un grand trou noir. J'ai demandé pourquoi. Il avait l'air si fort, si vivant. Ils m'ont dit qu'il était déjà mort à l'intérieur.

Comme d'habitude, cette nuit, à dix heures, j'ai avalé les

somnifères roses et jaunes. A minuit je me suis réveillée. Ma nuit était finie. Je savais que l'on ne me donnerait pas davantage de cachets. Il allait falloir traverser d'une façon ou d'une autre les cinq heures d'obscurité qui restaient. J'étais envahie d'angoisse et de panique. Chocolat. Vomir. Panique. Encore du chocolat. Re-vomir. Je me le suis fourré dans la bouche, je l'ai englouti sans le goûter, sans penser, sans rien. Remplir remplir remplir le vide de la nuit et des ténèbres, le creux terrible du moi perdu et désespéré noir et mort à l'intérieur le noir et le vide en moi. Je me suis gavée, je me suis empiffrée, j'ai tout enfourné, moi la dégueulasse. Comme un zombie je suis encore allée dans la salle de bains, encore dans les toilettes, encore le doigt dans la gorge. Dégueuler.

Ensuite je me suis assise par terre, épuisée. Il y avait un carrelage dans les tons brun-roux et crème. Assez laid, mais agréable quand même. Des carreaux anciens, légèrement poreux. La baignoire avait quatre pieds avec des griffes. Je suis restée là longtemps, à les regarder. Puis je me suis levée et j'ai sorti mes réserves secrètes de Valium. J'ai poussé les petits cachets bleus hors de leur emballage plastique. J'ai rempli d'eau le verre à dents, je me suis assise de nouveau et j'en ai avalé d'abord une poignée, puis une autre. J'ai regardé les carreaux. J'ai cessé de penser. C'est merveilleux quand on cesse de penser. Puis, avec une clarté parfaite, j'ai vu les yeux dorés de mon fils. Ils ne sont pas marron, ni jaunes, ni fauves. Ils sont dorés. Et il se trouve qu'ils ont une expression de douceur exceptionnelle et de confiance extraordinaire. Je me rappelle avoir pensé que plus jamais il n'aurait ces yeux-là. Plus tard, aucune femme n'allait l'aimer pour cette qualité, pour cette nature intrinsèque qui faisait qu'il était lui, et dont il n'était pas conscient. Il ne savait même pas que dans quelques heures, selon toute probabilité, cette lumière allait quitter son visage pour ne plus jamais revenir. Il aura toujours des yeux dorés. Mais jamais pareils.

J'ai quitté la salle de bains carrelée. J'ai traversé la pièce comme j'ai pu et en m'appuyant contre le mur je me suis glissée le long du couloir rempli d'ombre jusqu'à la salle de l'infirmière de nuit. Elle était allongée, à moitié endormie.

« Je suis désolée », j'ai soufflé, « je viens d'avaler pas mal de Valium. »

Chapitre 36

A ma grande surprise elle ne m'a fait aucun reproche. Elle était complètement paniquée. Elle m'a aidée à retrouver ma chambre, à m'allonger sur le lit. Elle me parlait comme si j'étais une enfant – j'ai pensé qu'elle devait avoir des problèmes de vue.

« Mais pourquoi as-tu fait une chose pareille ? Tu es si jeune et si jolie. »

C'est drôle, si les gens te considèrent comme jolie, ils pensent que tu es automatiquement dispensée de toute souffrance. Tout au moins, toute manifestation de douleur leur paraît incompréhensible. Très tôt dans ma carrière d'anorexique, pendant mon premier séjour à l'hôpital pour être nourrie sous perfusion, une infirmière toute blonde et potelée s'est donné la peine de me demander pourquoi je me maltraitais comme ça. Elle ne comprenait pas parce que, et je cite, « Vous êtes si jolie. » Plus tard, deux infirmières de nuit, à St-Clément, se sont arrêtées dans leur tournée pour me poser la même question. Cette fois, leur incompréhension était due non seulement au fait qu'elles me trouvaient jeune et jolie, mais aussi parce que, selon l'une j'avais « les plus beaux cheveux qu'elle ait jamais vus », et l'autre a ajouté que j'avais « les plus belles dents ». Je n'ai jamais su quoi répondre à tout ça. Je ne sais toujours pas.

Mais, là à la clinique, j'étais soulagée que l'infirmière ne soit ni en colère ni hostile. Je glissais graduellement vers un état d'indifférence bienheureuse pendant que le médecin de garde essayait de trouver une ambulance pour me transférer dans un hôpital mieux équipé pour les urgences. Une fois dans l'ambulance j'ai refusé de m'allonger. Je sentais obscurément qu'il valait mieux être sur mes gardes. Contrairement à mes attentes, les gens, aux urgences, n'étaient ni fâchés ni désagréables. Il me semblait quand même qu'ils étaient vraiment nombreux à m'attendre. Il y avait plusieurs hommes en blouse blanche qui paraissaient avoir été sélectionnés à cause de leurs avant-bras musclés (et tout le reste à l'avenant, j'imagine, mais j'avais du mal à voir autre chose que les bras). Heureusement la plupart du temps, quand tu es sur le point de subir un lavage d'estomac, tu es tellement droguée que tu es, quoique artificiellement, très, très calme. Sur le moment je n'étais pas en état de me rappeler la conversation que j'avais entendue il y avait déjà un certain temps, devant le bureau de Lucien Blanc. Quand la petite rousse avait dit à Julie que, pour sa prochaine T.S., elle s'arrangerait pour qu'il ne soit pas question de lavage d'estomac. J'allais comprendre pourquoi.

Ne t'imagine pas qu'il y a quoi que ce soit de médical là-dedans. Ça ressemble plutôt à du jardinage. A l'ombre du fantôme du cèdre du Liban. Il y avait un tuyau d'arrosage, fait d'un épais caoutchouc orange avec des striures profondes. Pas un petit tuyau stérile en plastique ou autre instrument médical ou chirurgical. Il y avait trois seaux métalliques, vides, pour le moment. Les jardiniers costauds m'ont mise sur une table, me maintenant fermement en place. Je n'avais pas peur. Merci Valium. (C'est stupide, je sais, parce que de toute façon sans le Valium je n'aurais pas été là.) Un troisième jardinier m'a fourré dans la bouche, pour la garder bien ouverte, un carré de plastique avec un trou au milieu. A peine ai-je eu le temps de comprendre, que l'énorme tuyau d'arrosage m'était enfoncé dans la gorge jusqu'à l'estomac. Je pouvais le sentir à l'intérieur. Il se trouve que ma bouche est petite. Rien que par leurs dimensions, ces objets étaient traumatisants. Logiquement, quand j'y pense, il devait y avoir deux tuyaux l'un dans l'autre parce que le système était extrêmement simple. Ils mettent l'autre extrémité du tuyau dans l'un des seaux, quelqu'un ouvre un robinet à forte pression et ils te lavent les entrailles, littéralement – des litres d'eau pompée à travers toi jaillissant bruyamment dans les seaux métalliques. Tout le monde a inspecté la récolte. Tout ça pour quelques petits Valium bleus, rien d'autre. Ils étaient un peu déçus. Apparemment, ils aimaient faire des plaisanteries au sujet de ton dîner et d'autres choses dans le genre :

« Comment se fait-il que vous n'avez rien mangé du tout ? » a dit quelqu'un. « Bonne question » je pensais, mais je n'étais pas en état de pouvoir répondre. Je grelottais et j'étais sous le choc. L'un des avant-bras les plus velus a commencé à me frapper sur le thorax. Il a expliqué qu'il fallait vérifier qu'il n'y avait pas d'eau dans les poumons. Je pensais que si c'était le cas je l'aurais probablement remarqué, mais il avait l'air de savoir ce qu'il faisait. Quelqu'un m'a enlevé une perf dont je ne me rappelais pas du tout l'existence. Ils s'y étaient apparemment pris à plusieurs fois pour me brancher, car, le lendemain, mes bras étaient noirs et mauves. Ils allaient évoluer vers le vert et jaune avec le temps. J'en ai gardé la trace pendant quinze jours. Quelqu'un m'a remis ma veste de pyjama. Je ne me rappelais pas non plus qu'elle avait été enlevée.

Je restais allongée sur la table, secouée par toute cette violence. Pourtant toute l'équipe avait été d'une gentillesse sans faille et personne ne m'avait hurlé dessus, ni ne m'avait reproché de gaspiller leur temps précieux. Je m'examinais mentalement. Il y avait quelque chose d'inhabituel. Pour la première fois depuis des années, je me sentais en paix. Pendant qu'on embarquait mon corps meurtri dans l'ambulance et qu'on me ramenait à la clinique, j'ai compris pourquoi.

J'étais vide. Parfaitement, merveilleusement vide. Et propre. Mes entrailles étaient enfin pures et propres. Elles ne pouvaient pas l'être davantage. Je pensais qu'il valait peut-être mieux garder pour moi ce genre de pensées.

Chapitre 37

Peu de temps après, j'ai quitté la clinique. C'était stupide, bien sûr. Le Dr Chevalier et Mme Delaunay pensaient que ce n'était pas du tout une bonne idée. Je suis allée en Angleterre et, pour une fois, c'était un bel été. J'ai vu ma mère et mon frère. J'ai une photo prise à cette époque. C'est le soir, dans un salon très anglais. Il y a deux sièges, un grand et confortable fauteuil, tapissé de chintz à fleurs roses, au milieu de la scène, et une chaise plus petite, juste à côté, placée là pour la photo. Elle est plus dure et recouverte d'un simple tissu marron. Mon frère est vautré dans le gros fauteuil rose. De la main droite, il fait signe au photographe. Son visage est rouge, à cause du soleil peut-être, mais plus probablement du fait des plaisirs de la soirée. En arrière-plan, il y a une bouteille de vin ouverte et, devant lui, un verre de whisky à moitié vide. Son ventre déborde de son jean. Le genre de ventre qui se fait souvent tapoter. Il sourit largement, très content de lui. Assise sur la chaise marron, se tenant droite et raide, une personne très pâle et très maigre, habillée entièrement de noir. Elle affiche un petit sourire tendu, des lèvres seulement, pour la photo. La main de mon frère est large et rose, la mienne est blanche et squelettique. Le tout pourrait s'intituler : « Les plaisirs de la chair et la négation du corps », ou peut-être « Laurel et Hardy à la plage ».

Ça ne cesse de m'étonner que mes parents aient pu produire, si peu de temps après moi, une créature aussi différente que mon frère. Bien sûr, s'il se donnait la peine d'y réfléchir, il devait trouver ça assez surprenant lui aussi. Tout le monde était gentil avec moi cet été, m'aidant à marcher, me prenant le bras, m'attendant quand j'étais trop fatiguée pour avancer. Tout le monde avait l'air de croire que c'était normal que j'aie besoin d'aide, que je sois infirme. Je savais que ce n'était pas normal. Je savais que c'était choquant et inacceptable, mais j'étais piégée, je n'y pouvais rien. Je me souviens d'avoir craqué en plein milieu de Sainsbury's. Je ne sais pas si c'était le mal du pays (on ne peut être plus anglais que Sainsbury's) ou à cause de toute la nourriture étalée partout. Toute la nourriture que le monde entier pouvait manger sans même y penser. Tout le monde sauf moi.

Cet été-là je trimballais mes propres rations avec moi. J'avais droit aux épinards, poisson cuit à l'eau, yaourt maigre et pommes. Mais pas n'importe quels épinards, ou même n'importe quelles pommes. J'emmenais partout mes tristes petites provisions, même (ou peut-être surtout) chez ma mère. Tout le monde faisait semblant de ne rien remarquer. Cet été, lorsqu'il y avait des invités, je disparaissais dans ma chambre quand tout le monde passait à table, et j'apparaissais pour le café. Personne n'a jamais rien dit. C'est merveilleux d'être anglaise. Tu peux imaginer ça en France ? Je suis rentrée en septembre et j'ai repris mes allers-retours quotidiens vers le cabinet de Mme Delaunay.

Chapitre 38

Pour moi, le but principal de l'analyse c'est de devenir soi-même. La personne que tu aurais pu devenir si tu n'avais pas été écrasée par toute la cruauté, bien qu'involontaire, toute la colère, y compris la mienne, tout le manque de compréhension, auxquels quelques-uns, par miracle, arrivent à survivre. Tandis que d'autres deviennent « estropiés à l'intérieur », pour citer John Lennon, qui connaissait bien le sujet. Afin même de pouvoir commencer à devenir soi-même, il faut d'abord être capable de reconnaître le fragile début de sa vraie personnalité, qui a besoin qu'on lui permette de grandir. Le tout petit bébé effrayé qui se cache en toi. Ensuite il faut être gentil avec lui. Pour une anorexique, c'est quelque chose de très difficile à admettre. Après tout, l'anorexie c'est la toute-puissance, la forteresse imprenable, une maîtrise de fer, la force surhumaine. Il m'a fallu beaucoup de temps pour reconnaître cette partie de moi-même que je rejetais de toutes mes forces. Le bébé. Je devais le laisser naître à la vie. Bien sûr la première chose à faire avec un bébé, c'est de le nourrir.

J'ai recommencé à manger. Cette fois-ci, c'était pour de bon, mais je ne pouvais pas le savoir. Ce n'était ni un miracle ni facile. A ce moment-là, c'était seulement une nouvelle tentative douloureuse. Selon Mme Delaunay, la raison pour laquelle j'ai réussi cette fois-là sans raison apparente, c'est que j'avais fait le travail nécessaire. Comme une pomme qui paraît tomber de l'arbre subitement et sans raison, mais qui en fait a terminé son cycle. Elle était prête à tomber à ce moment-là, pas la veille ni le lendemain.

Lundi 4 novembre

Ça me fait mal rien que de le regarder. Tout dur, rond et gonflé. Et ma ceinture ce matin, deux crans de plus depuis samedi. Merde, ça ne fait que trois jours et voilà – ce ventre – non ce n'est pas un ventre, c'est un bide. Une boule toute dure et gonflée. Collée à un arbre mort dans le désert. Ce pauvre squelette dont la peau tombe en plis aux aisselles et à l'intérieur des coudes. Impressionnants mes bras. Même moi je suis impressionnée – des bras de Birkenau attachés à mon corps d'arbre mort. Je ne pensais pas que ce ventre allait gonfler si vite. En trois jours, je ne peux pas le croire. Et en plus je vomis. Je ne pensais pas que j'allais me faire ça. Je croyais maîtriser parfaitement la situation. Quelle blague. Je ne maîtrise rien du tout, encore moins moi-même. C'est ça tout le problème. On dirait que je suis enceinte. Comment ça, enceinte de trois jours ? Mais d'une certaine façon c'est vrai. Ce n'est pas la première fois que j'endure cet enfer – et tout ça pour rien. Je dois supporter d'être toute gonflée, être gagnée par la panique grandissante à voir mon corps changer d'heure en heure, disparaître mes côtes, et perdre la maigreur de mes bras, que j'avais eu tant de peine à amener à cet état. J'essaie de nourrir le pauvre bébé affamé. Mais comment faire ? Il enfle, il grandit avec chaque morceau que j'avale. Il prend de plus en plus de place, il engloutit l'ombre si frêle de moi-même – il gonfle comme un immense bébé-zeppelin attaché à mon nombril de l'intérieur – pas étonnant que je dégueule – vite – débarrasse-moi de cette bouffe – fais-le crever de faim, il prend le pouvoir – il hurle, il crie, affolé, fâché, terrifié, aide-moi, qui crève de faim toute seule, inexistante, même pas née, aide-moi aide-moi aide-moi, fœtus de moi-même.

« Je ne suis pas née ; écoute-moi. »

Qui a écrit ça ? Louis McNiece... Oui peut-être, et seulement peut-être, si j'ai de la chance, si je ne meurs pas en essayant, si je peux être aidée, si je peux m'aider. Si en même temps je peux calmer la terreur, la peur de grossir, de gonfler, et surtout ne pas me permettre, m'interdire absolument, me raconter ce que je veux – tricher – tout et n'importe quoi, mais pas, non surtout pas, me laisser grimper sur la balance.

Le jugement. Les chiffres. Qui accusent. Pas d'échappatoire. On ne peut pas nier les chiffres, les faits. Noir sur blanc. La balance électronique. Si je me mettais dessus maintenant, avec ce gros ventre dégueulasse, le bébé serait immédiatement condamné à avorter et moi à mourir de faim.

Surtout pas de balance.

« Je ne suis pas née ; écoute-moi
Ne laisse pas les... »

Les quoi ? Je ne sais pas. Les monstres affreux et les cauchemars hurlants qui galopent et piétinent mon cœur déchiqueté dans la boue.

« Je ne suis pas née ; écoute-moi. »

Oui je suis enceinte, du bébé le plus effrayant que je puisse concevoir. Épouvanté lui-même, terrifié. C'est pas du tout impossible qu'il ne sorte jamais, ne voie pas le jour. Qu'il ne vive et ne respire jamais, calme et en paix. Effrayée. Enflée. Enceinte. De moi-même. Si j'ai de la chance. Sinon – sinon, ça sera un monstre de plus, un démon de plus pour m'abattre.

Je viens d'arrêter de me laisser mourir de faim. J'essaie de renoncer à mon squelette et de le couvrir de chair. Horrible ce mot. La chair. Beurkh. Je regarde les gens. Des gens nus ou à moitié nus, dans les films, dans les pubs à la télé. Les enfants. Des gens. Des corps. Même les corps que je sais être beaux me paraissent trop enrobés. De chair. Des gens que tout le monde considère comme minces. Je suppose qu'ils le sont. Mais la chair, il y en a tellement. Partout. Partout sur ces corps. Ils ne me ressemblent pas. On ne peut pas leur compter les os. D'accord, je sais que je suis malade. Il m'a fallu si longtemps pour comprendre ça. Et maintenant, aujourd'hui, je suppose que je viens de faire quelque chose de très positif, de très sain.

« Continue comme ça, c'est bien... » Mais je ne me sens pas du tout comme ça. Je me sens malade. J'ai mal au cœur, vraiment mal au cœur. Mal à l'âme, au plus profond de moi-même. Mal, mal au cœur. A cause de la nourriture. Parce que je mange.

Et voilà, j'ai ce gros ventre dégueulasse. Enceinte de moi. Si j'ai de la chance, si je peux aller jusqu'au bout, et ça va prendre bien plus que neuf mois, toute cette souffrance qui m'attend avec un méchant sourire.

« Viens voir, plus près » elle me fait signe. On ne peut pas accoucher sans souffrir n'est-ce pas ? Maintenant je l'ai déclenché, le processus de naissance. J'attends un bébé. Enceinte. Cela veut dire encerclée, cernée. De chair. Que Dieu me vienne en aide.

« Je ne suis pas née ; écoute-moi
Ne laisse pas les »
Ne laisse pas les rats et la vermine me dévorer...

C'est ça la fin ? Elle a accouché d'elle-même, et a vécu heureuse jusqu'à la fin de ses jours ? Ou du moins, elle a survécu. En tout cas elle n'est pas morte. Shalom est morte.

Chapitre 39

Shalom s'est suicidée mardi après-midi. Elle a été enterrée mercredi. Shalom avait dix-huit ans. Elle est allée dans vingt-cinq pharmacies différentes pour obtenir assez de drogues. Je ne la connaissais pas. Ma fille m'a dit qu'elle ressemblait à une petite fleur. Elle ne pouvait pas s'arrêter de pleurer quand elle m'a appelée. Je ne pouvais rien faire d'autre que la laisser pleurer et l'écouter. Ondes de choc. J'ai commencé à comprendre ce que ça fait si l'on se tue. Les ondes se propagent à une très grande échelle.

Je ne connaissais pas Shalom, mais je l'ai pleurée avec ma fille. Je me suis souvenue du jour où, enfermée dans ma cellule, j'avais entendu la jeune fille du bout du couloir pousser un hurlement, un son aigu, perçant, acide pendant un bon quart d'heure. Je n'ai pas dit toute la vérité quand j'ai écrit cette histoire. Ce que je n'ai pas dit, c'est qu'à ce moment-là j'ai entendu ma propre fille de dix-huit ans hurler en apprenant ma mort. Un quart d'heure c'était plus qu'il n'en fallait pour que l'idée s'ancre bien dans ma tête. Avant que ça finisse, j'ai su que je ne pouvais pas lui faire ça, et c'est là que, pour la première fois, j'ai décidé d'essayer de manger.

En écoutant au téléphone l'histoire de Shalom, entrecoupée de sanglots, je me suis entendue calmer ma fille, doucement. « Ça va, maintenant, Shalom va bien. Elle n'a plus mal. Elle est en paix, c'est fini. La délivrance. La fin. Ce n'était pas du tout violent ni effrayant », je murmurais, « elle a avalé les cachets et très vite elle s'est sentie plus calme, mieux. Elle s'est laissée porter par le flot. Plus de problèmes, elle se sentait seulement somnolente, fatiguée, ses bras devenaient lourds, et elle a glissé doucement de l'autre côté, dans le noir. Shalom est finie, elle s'est arrêtée. Il ne faut pas s'inquiéter pour elle. »

Mais je ne parlais pas de sa mère, de son père, de ses frères, de son petit ami, de son premier amour, de ses amies, qu'ils soient proches ou lointains. Les cercles concentriques s'élargissent, ils s'étendent à travers le monde. Shalom est morte. Elle s'est tuée mardi après-midi. Shalom ressemblait à une fleur. Des ondes qui ont traversé les mers jusqu'à moi, qui ne l'ai jamais vue. Si le suicide peut avoir des effets d'une si grande portée, et si chacun de nous, tout le monde sans exception, ayant connu Shalom ou non, peut être si profondément touché, qu'est-ce que c'est que ces conneries que je me raconte depuis des années ? Comme la façon dont j'avais informé ma meilleure amie que si je mourais elle ne devrait pas, et je cite : « avoir de la peine, parce que c'était ce que je voulais ».

Des conneries. Des histoires de merde. Des idioties. Qu'est-ce que j'en savais de ce que je voulais ? Qu'est-ce qu'elle en savait Shalom ? Ce que ni elle ni moi ne savions, c'est que les choses peuvent toujours changer. Les choses ne restent pas obligatoirement toujours coincées dans une misère écrasante, inexorable. Par définition, si tu es vivant, tu peux toujours évoluer, progresser, ou même régresser et faire une pause si nécessaire. La vie bouge, il y a le flux et le reflux, elle change constamment. Même si tout empire, ce qui m'est arrivé fréquemment, et qui m'arrive toujours, ça peut toujours changer, se modifier. Même si ça prend du temps, même si le mouvement est imperceptible, il existe toujours, il est toujours possible. Quant tu es mort, tu ne peux pas changer d'avis. Shalom est finie. A tout jamais.

Shalom ne mangera plus jamais une pêche au soleil, sa bouche et ses doigts tout collants de jus. Shalom n'écoutera plus jamais le dernier disque de son groupe favori sur son Walkman. Shalom ne rencontrera pas l'amour de sa vie. Elle n'aura pas de bébé. Shalom ne peindra jamais un tableau dont elle aurait été fière. Shalom n'écrira jamais de livre. Shalom ne racontera jamais à sa fille l'histoire de son premier amour, et combien elle a été malheureuse. Shalom ne fera jamais l'amour l'après-midi, le soleil faisant sur son corps nu des dessins d'ombre et de lumière à travers les volets.

Shalom ne s'est pas donné sa chance. Et maintenant il est trop tard. Les hurlements et la douleur ne changent rien pour elle. Rien du tout. Shalom est finie avant même de commencer. Et tout notre amour et notre chagrin vont vers ceux qui l'ont aimée. Et même ça, ça n'aide pas et ne change rien du tout.

Je suis heureuse d'avoir fait demi-tour à temps pour dire à l'infirmière de nuit que je venais d'avaler ma réserve secrète de Valium.

Chapitre 40

J'ai pris rendez-vous avec Lucien Blanc. Il y a trois ans que je ne l'ai pas vu. Le mois dernier, j'ai commencé à me murmurer dans la tête qu'il était peut-être parti. Il n'était peut-être plus au Pavillon 47 – ni même à St-Clément. Et si je ne pouvais plus le voir ? Plus jamais ? Peut-être n'en aurais-je jamais envie, mais si au contraire je le voulais ? Et si je ne pouvais pas le trouver ? A ma grande surprise c'était une idée désagréable et je me suis dit de ne pas y penser. Mais j'y pensais quand même. Au bout de quelques jours, pendant lesquels j'avais réussi à me faire vraiment peur, j'ai téléphoné à l'hôpital.

J'ai demandé si Lucien Blanc serait là en juillet ou bien en vacances. (Je pensais que comme ça c'est Dieu qui déciderait.)

« Il sera là presque tout juillet », a répondu la secrétaire, « vous voulez un rendez-vous pour quand ? »

Je ne sais pas pourquoi je vais y retourner. Peut-être n'ai-je pas de raison. Qu'est-ce que je me raconte encore là ? Est-ce que je crois vraiment que je vais tout bonnement arriver l'air décontracté et dire « Bonjour Lucien, je passais justement par là »... à cinq cent kilomètres de chez moi sans la moindre raison... « et j'ai pensé vous dire un petit bonjour. » Ou quelque chose comme ça. Et si je ne peux rien lui dire ? Comme dans la cellule, sur le couvre-lit vert avec mon singe.

J'ai beaucoup réfléchi pour savoir ce que j'allais me mettre.

Des talons hauts. Très hauts. Des semelles compensées. David Bowie époque Ziggy Stardust. Moi la grande, la toute-puissante. Pour me sentir forte et pouvoir maîtriser la situation. Je ne veux pas le regarder de haut – dans aucun sens du terme – mais je me soupçonne d'être parfaitement capable de retomber tout de suite dans « Lui la maman très forte et moi le tout petit enfant ». D'où les souliers-pouvoir, les souliers phalliques. Sinon pour marteler le sol, au moins pour marcher d'un pas assuré.

J'ai déjà fait une répétition complète, une avant-première, de cette réunion, rencontre, interview ou représentation, dans ma tête, avant même de téléphoner à l'hôpital. Voilà ce que j'ai imaginé :

« *J'attendais, assise sur une chaise en Formica beige, l'une des trois qui sont alignées dans le couloir devant son bureau. Combien d'heures de ma vie ai-je passées à l'attendre ? J'avais la bouche sèche et j'étais contente d'être assise. Sa porte était fermée. Comme toujours. Je voulais partir en courant, après tout, personne ne pourrait m'en empêcher. Est-ce que quelqu'un, à part lui, s'en apercevrait même ? La seule chose qui me maintenait sur cette chaise, le cœur battant, essayant de prendre un air normal (ça ressemble à quoi, un air normal ?) c'était de savoir que si je m'enfuyais, j'allais le regretter. Condamnée à imaginer éternellement la même scène.*

J'avais si souvent rêvé de cette rencontre. Toujours le même fantasme. Je savais si bien ce qui allait arriver que c'était presque inutile d'aller jusqu'au bout.

La porte s'est ouverte. Une jeune femme menue en jupe verte, l'air effacé, est apparue. Elle n'a pas remarqué les ondes vibrantes de tension qui émanaient de moi en pulsions régulières. J'ai senti sa présence plus que je ne l'ai vu derrière elle. Un coup d'œil dans ma direction, pas de signe de reconnaissance tandis qu'il lui serre la main avec fermeté et lui sourit en guise d'au revoir. Puis c'est mon tour. On s'est regardé dans les yeux, une fraction de seconde trop longtemps, chacun attentif à son intuition pendant que nous nous serrons la main. Mon estomac s'est retourné mais j'ai gardé ce que j'espérais être un regard normal. Il s'est effacé pour me laisser entrer dans son bureau, me suivant de près. Il a fermé la porte. Il était doué pour ça.

Je me suis assise au bord de la chaise. Il s'est installé de l'autre côté du bureau, rejeté en arrière contre le mur, sur sa chaise en équilibre, mains jointes par le bout des doigts en éventail, un large sourire sous la moustache, les yeux espiègles et intensément curieux. Je savais qu'il s'était déjà fait son opinion sur l'état de mon corps et de mon visage. Je l'ai regardé dans les yeux exprès, on se mesurait. Il avait pris du poids. Ça ne me plaisait pas. Il a dit quelque chose. « Rester normale », pensais-je, « Posée » – « S'il te plaît mon Dieu, fais qu'il soit content de me voir – non, mon Dieu, non, pas content, le minimum absolu dont j'ai besoin est qu'il soit ravi. Un état d'extase légèrement atténué irait très bien. »

« J'ai écrit un livre », ai-je dit, en le regardant. Moi l'innocente. L'ingénue. « C'est à propos de vous – et de moi – est-ce que vous voudriez le lire ? »

« Racontez-le-moi. »

« Oh, je ne pourrais pas, ce n'est que la vérité. Ma vérité. » Stupide. Guindée. C'est ça le problème avec les fantasmes, quand on a passé des mois, des années à en élaborer les détails, au moment de réciter ton texte, ça a l'air ridicule.

« Je pourrais vous le laisser... si vous voulez... » Dans le fantasme il avait toujours dit d'accord immédiatement, me fixant un rendez-vous dans quelques jours pour en parler, après l'avoir lu. Dans quelques-unes de mes représentations les plus folles, il acceptait le manuscrit avec empressement, pour me téléphoner dès le lendemain : il ne s'était pas couché, il l'avait lu d'un trait, est-ce que je voudrais bien venir le voir le soir même pour en parler ?

« Je n'aurai pas le temps de le lire avant un moment », s'excusait-il, « si vous voulez le laisser, je ferai en sorte de vous le renvoyer quand je l'aurai fini. Mais ce ne sera pas avant la fin

des vacances, au plus tôt. Pouvez-vous le laisser un mois ou deux ? »

Est-ce que je pouvais abandonner mon premier-né dans un coin poussiéreux de son bureau en attendant qu'il finisse par trouver une demi-heure pour y jeter un coup d'œil ? Je le serrai sur mon cœur.

« Je ne peux pas le laisser », ai-je dit, blessée. Tout ça ne se passait pas du tout selon mes prévisions. Pourquoi ai-je pris la peine de venir ? Bien sûr qu'il n'avait pas le temps de le lire. Il n'a jamais eu le temps, même pas pour moi, encore moins pour mon livre. Il m'avait bien abandonnée à la mort, il m'avait laissée pleurer, sans défense, sur une plaque de marbre. Pourquoi changerait-il maintenant ? Il ne changera jamais.

« Oh Lucien je ne peux pas... » J'ai éclaté en larmes. Je déteste éclater en larmes dans le bureau d'un psychiatre, c'est tellement normal. Et ce foutu médecin continue de prendre des notes professionnellement, avec ses foutus yeux de professionnel.

Chapitre 41

Si même mes fantasmes étaient pessimistes, allez savoir pourquoi j'y suis retournée. Et que s'est-il réellement passé ? Bon, j'étais en retard. J'avais prévu deux heures pour ce qui prend raisonnablement une heure et quart. Mais ça n'avait pas suffi. J'avais oublié, c'était l'été, avec des caravanes et des camping-cars sur les routes de montagne. J'étais dans la voiture, impuissante, les yeux rivés à la pendule du tableau de bord. Il n'y avait rien à faire. On a fini par atteindre le sommet, le col de la Liberté, et à partir de là on a descendu tout du long jusqu'à St-Clément. Une pancarte écrite à la main est passée comme un éclair. « PAIN » ai-je lu. Ce qui veut dire « DOULEUR » en anglais. J'ai été étonnée l'espace d'un instant, et puis j'ai compris. Mon petit sourire tendu ne m'avait pas encore quittée qu'un autre panneau « Voie de Détresse » est passé. « Voie de détresse, ça c'est sûr », me suis-je dit, « tout du long et jusqu'en bas ». Heureusement pour ma perception de la réalité, le même panneau de signalisation était traduit en anglais et en allemand un peu plus loin – « Escape Lane ». « Non », me suis-je dit, « C'est le premier qui est le bon. »

J'ai eu à peine le temps de descendre de la voiture et de monter les marches en courant jusqu'au premier étage, sans penser à rien. J'avais deux minutes de retard. La porte de son bureau était ouverte et je l'ai aperçu à l'intérieur, le dos tourné. Je suis restée là, indécise, l'espace d'un instant, serrant mon sac contre mon ventre. Tout avait été repeint. Les murs étaient blancs, comme neufs.

« Vous ne pouvez pas m'avoir si facilement », leur ai-je dit, « je sais que vous êtes toujours là, tout miteux et écaillés en dessous. » J'ai vu une jeune femme en blouse blanche à côté du bureau des secrétaires.

« J'ai rendez-vous avec le Dr Blanc. »

« Est-ce que vous avez votre carte de Sécurité Sociale ? »

« Non. »

« Eh bien, vous feriez bien d'aller voir ma collègue. »

« Non », ai-je répété, l'air stupide. Elle m'a regardée.

« Est-ce que vous êtes déjà venue ici ? »

« Oui. »

« Ah ! » Son visage s'illumina de compréhension, « vous n'êtes pas française n'est-ce pas ? »

« Non. »

« Bon, allez attendre là-bas », m'a-t-elle dit, comme s'il n'y avait plus de problème.

Il ne m'a pas fait attendre longtemps. Lorsqu'il s'est approché de moi, j'ai été très satisfaite de voir qu'il portait un pull à col en V et une chemise à rayures dans un ton bleu-vert, ou peut-être vert-bleu. Jusque-là il suivait bien son rôle. Il était plus petit, beaucoup plus petit. Tout était plus petit. Le couloir, son bureau, même les portes du service. Je sais bien que lorsque l'on retourne sur les lieux de son enfance, ils paraissent souvent plus petits qu'ils ne le sont dans les souvenirs. Mais lui, est-ce qu'il avait vraiment rétréci ? Ou bien était-ce moi qui avais grandi ? Ah oui, mes chaussures à talons hauts. Je me fichais de tout ça maintenant. Il avait maigri. Ses traits étaient devenus plus marqués, ses pommettes plus saillantes. Je n'avais jamais remarqué auparavant à quel point, avec ses yeux légèrement bridés, il ressemblait à un faune. Il avait toujours une cicatrice à la paupière droite.

Je me suis assise sans y être invitée. J'étais étonnamment

sereine. Et puis, sans un mot, il est parti. Je restais assise là, à l'attendre.

« Je refuse d'interpréter », me suis-je dit fermement. Au bout d'un moment il est revenu et s'est assis derrière son bureau, il souriait.

« Alors, vous êtes venue voir le vétérinaire. »

« Je ne sais pas pourquoi je suis venue », ai-je dit, souriant à mon tour. « Peut-être ai-je besoin de tourner la page ? » On était si détendus. Si amicaux. Si chaleureux.

« J'ai eu raison de revenir », ai-je pensé.

« Vous savez », m'a-t-il dit, toujours souriant, « quand j'ai su que vous alliez venir, je n'ai pas pu me rappeler votre nom. » J'ai arrêté de respirer. Je me tenais tout entière, mentalement et physiquement, parfaitement immobile.

« Je refuse de me laisser atteindre, je refuse ici et maintenant d'être blessée », me suis-je dit, en repoussant des vagues immenses de vérités cachées, de vérités dont je n'étais qu'à moitié consciente et que je n'avais jamais voulu regarder en face. « Je verrai tout cela plus tard, quand je pourrai, avec Mme Delaunay, pas ici toute seule en face à face avec lui. »

« Oh, j'ai fini par me rappeler », a-t-il continué, comme si de rien n'était, « mais ça m'a pris quelques jours. »

« Vous n'avez jamais pensé à moi, vous ne vous êtes jamais demandé ce que j'étais devenue depuis tout ce temps ? » ai-je demandé, en gardant une voix et un visage parfaitement calmes.

« Euh si », a-t-il dit, l'air vague.

« Alors pour vous j'étais qui, l'Anglaise ? » Il eut l'air choqué.

« Bien sûr que non », a-t-il dit, « vous étiez Mme Sinclair. »

Je me suis souvenue, alors que j'étais enfermée seule, beaucoup plus seule que je ne le pensais, d'avoir écrit dans mon cahier :

Si seulement il m'appelait par mon prénom. J'ai envie de le lui demander, mais j'ai peur. Mme Sinclair ce n'est pas moi. Les prénoms sont très importants pour moi en ce moment. Si seulement il utilisait mon prénom.

C'est vrai que je n'avais jamais osé le lui demander. J'avais trop peur qu'il ne refuse avec indignation devant tant d'impudence. Je commençais à comprendre pourquoi son prénom à lui avait été si terriblement important pour moi. « Lucien » je l'appelais désespérément. Lucien, une personne, un être humain, quelqu'un qui se souciait de moi. Moi, Jackie, et pas seulement une anorexique de plus. Mais au fond de moi je savais qu'il ne comprenait rien, pire, il s'en moquait. J'ai trouvé ceci dans un de mes cahiers :

Est-ce que tu t'es jamais demandé si ce n'est pas toi qui ne comprends rien ? Plutôt que moi qui ne sais pas ce qui se passe dans ma propre tête ? Comment peux-tu dire que je ne suis pas en contact avec moi-même ? Peut-être es-tu insensible. Est-ce que tu comprends à quel point je me sens stupide quand tu dis ça ? Et quand tu dis qu'il n'y a aucune raison de réagir comme je le fais. Non, je pense que tu ne te rends pas compte. Eh bien je vais te le dire – ou plutôt, je ne le dirai pas – je me sens incroyablement bête, humiliée. Pire, je me sens coupable. Comment peux-tu être si insensible ? J'ai passé des journées entières, affreusement déprimée à la suite de quelques-uns de tes commentaires, que tu lançais comme ça pour voir mes réactions. Et bien sûr, je n'ai rien laissé voir. J'attends que tu sois parti puis je meurs à l'intérieur.

Et ceci : *Je suis désespérée. J'ai besoin qu'on m'aide, et vite, et personne ne fait rien. Je ne peux pas rester ici indéfiniment comme ça. Fais quelque chose. Parle-moi, aide-moi, drogue-moi, fais quelque chose. Je suis en train de disparaître. Si tu n'agis pas bientôt, il n'y aura plus personne à soigner. Juste une petite flaque d'eau au milieu de la pièce. Ça ne se voit pas encore mais, en fait, je ne suis presque plus là. Si tu me prends en photo il n'y aura rien sur la pellicule.*

Et ceci : *Personne ne m'aide. Je suis venue ici pour être aidée et soutenue. Personne ne fait rien. Je mourrai recroquevillée par terre, dans ma prison.*

Lucien Blanc : le nom le plus fort au monde. C'est sûr puisqu'il a dû servir pour nous deux, étant donné que je n'en avais pas.

« Quand on est en train de mourir comme ça, ai-je dit, on ne peut pas se percevoir comme Madame. »

« Non », acquiesça-t-il.

« Est-ce contraire aux usages, ici, d'appeler les gens par leur prénom ? » ai-je demandé.

« Pas du tout », répondit-il, « je le fais presque toujours. Même avec des gens que je n'aime pas spécialement. »

« Oui », ai-je dit, « Julie était Julie et même mon mari était Paul. Pourquoi, pourquoi moi n'avais-je pas de prénom ? »

« Je ne sais pas », dit-il, pas du tout déconcerté par l'énormité de tout ça « pour moi vous étiez Mme Sinclair. »

Pas de prénom pas de prénom pas de prénom. Même pas ça.

« Vous m'avez brûlée », lui ai-je dit en le regardant. C'était si facile à dire. Pas de colère. Pas de récrimination. « Vous savez, ce que vous m'avez fait ici est exactement ce qu'il ne fallait pas faire. A la fin, j'avais régressé jusqu'au stade du nouveau-né. A la fin je n'existais presque plus. Est-ce que vous auriez réellement utilisé des électrochocs ? »

« Oui », a-t-il répondu. Calme. Serein. Certain.

« Est-ce que vous faites ça souvent ? »

« Je ne l'ai jamais fait à une anorexique. »

« Vous souvenez-vous que vous m'aviez expliqué qu'en refusant de me nourrir, je séparais ma tête de mon corps, comme les gens de la planète Mars, dans le film « Les aventures du baron Münchhausen ? »

« Oui » sourit-il.

« Eh bien, ma tête, c'était tout ce qui me restait. Est-ce que vous vous rendez compte que si vous étiez allé jusqu'au bout vous m'auriez enlevé même ça ? Vous auriez détruit mon cerveau. Après ça je me serais laissée mourir. J'étais déjà presque morte. Est-ce que vous saviez ce que vous faisiez ? »

« Je ne comprenais absolument rien », dit-il, « j'étais complètement perdu. A la fin je ne savais plus quoi faire. »

« En cas de doute, amenez les électrochocs... », ai-je pensé, en réprimant plusieurs terribles prises de conscience « Je penserai à tout ça plus tard », me répétais-je fermement « Électrochocs pour machin ! »

« Vous avez failli me détruire », ai-je dit gentiment. « Est-ce que vous continuez à enfermer les gens comme ça ? »

Celle-là il l'a esquivée. « Je vous ai enfermée », dit-il, « parce que c'était nécessaire. Vous étiez en prison dans votre tête. »

« Donc me mettre vraiment en prison a résolu le problème ? » ai-je demandé, incrédule.

« Oui », a-t-il dit.

« Non », ai-je dit. Nous nous sommes souris et nous nous sommes serré la main. Machin et Lucien Blanc. Je penserai à tout ça plus tard.

Cette nuit j'ai fait un cauchemar. Je n'arrivais pas à mettre mes verres de contact. Je pleurais de panique et ils n'arrêtaient pas de tomber. Je ne voulais vraiment pas voir la vérité. La pauvre petite Machin avait été encore plus seule qu'elle ne croyait. Quoique, peut-être le savais-je quand même. Beaucoup plus tard j'ai trouvé cette phrase dans la marge d'un de mes cahiers. A l'époque je ne comprenais absolument pas ce que je voulais dire :

Quand cessera cette nécessité de cécité ?

Le lendemain de ma rencontre avec Lucien Blanc j'ai écrit ceci :

S'il te plaît, tu viens de me faire mal encore
A Machin,
Tu sais,
Moi.
La femme de mon mari, comme tu m'appelles.

Anorexie mon amour

Tu m'as fait mal, encore,
Et il est trop tard.
Je ne peux pas te demander de me coller un nom
Rétrospectivement sur mon
Machin-truc visage.
Comment peux-tu,
Toi qui t'es battu à mort avec moi,
Non seulement ignorer mon machin-truc nom,
Mais n'avoir jamais même pensé à moi
Autrement que comme Machin,
La femme de Bidule. (Non, lui *avait un nom).*
Moi qui n'avais pas de prénom,
Qui n'ai pas de nom,
S'il te plaît s'il te plaît,
Au nom de Machin,
Prouve-moi que tu te souviens de moi
Clairement,
Moi,
Une personne,
Tu sais, Machin,
Celle que tu as brûlée.

Chapitre 42

C'est ça la fin ? Si c'est ça, c'est trop triste. Il n'y a pas de fin. C'est justement de cela qu'il s'agit. Je ne suis pas morte. Je ne suis pas en prison, ni dans ma tête, ni à l'asile. Quand j'étais enfant, mon père voulait absolument que nous apprenions à nager. Mon frère est vite devenu bon nageur, mais moi je n'y arrivais pas bien. Je savais nager, mais tout juste. Même aujourd'hui, après deux ou trois mouvements de brasse peu élégante, je suis épuisée, à bout de souffle, et j'abandonne. Mais un matin quand j'avais neuf ans, j'étais à la piscine avec mon frère. Sans y penser je me suis mise à nager d'une façon puissante, bien synchronisée et sans effort. Je faisais tout ce qu'il fallait comme il fallait. J'ai parcouru la longueur de la piscine lentement, sereinement, sans difficulté. Je n'étais même pas étonnée. Cela me paraissait normal. J'étais à l'aise dans mon élément. J'avais compris qu'il ne fallait pas nécessairement une force surhumaine pour pouvoir nager, il suffisait de le faire correctement. Ensuite je n'ai plus jamais su. J'ai essayé. Ça n'a pas marché. C'est seulement cette fois-là que j'avais eu tout bon.

Je continue à me débattre. Je me sens comme si je n'avais encore jamais respiré depuis ma naissance. Mes poumons ne se sont jamais vraiment déployés, ils sont toujours tout froissés à l'intérieur, couleur rose brunâtre, humides. Peut-être vont-ils s'ouvrir comme les ailes neuves d'un papillon au soleil, pour que je puisse m'envoler facilement sans effort. Je n'ai encore jamais respiré une seule fois. J'ai survécu avec une sorte de halètement superficiel, juste assez pour ventiler, et je le sens venir, un de ces jours, je vais respirer à fond et...

...je pousserai un cri dans une longue plainte joyeuse.

« Qu'est-ce que tu veux dire ? Une plainte n'est pas joyeuse, c'est ou l'un ou l'autre. »

« Ne me limite pas. Nous verrons. Il y aura de la joie à venir à la vie et une plainte pour le deuil de tout ce long temps perdu. »

Quelque chose va se mettre en place. Peut-être cela a-t-il déjà commencé, un mouvement imperceptible. Et je vais nager ou voler ou pousser un cri, un cri si grand que son écho va résonner très loin. Mais cette fois, si je le fais bien, je saurai toujours le faire.

Je vais respirer. D'un instant à l'autre.

Fin

Le nom des personnages et des lieux de ce livre n'ont aucun rapport avec la réalité.

Toute ressemblance avec des personnes ou des lieux du même nom serait donc le fait du hasard.

CET OUVRAGE
A ÉTÉ TRANSCODÉ
ET ACHEVÉ D'IMPRIMER
PAR L'IMPRIMERIE FLOCH
À MAYENNE EN SEPTEMBRE 1999

N° d'impr. 45079.
D.L. septembre 1999.
(Imprimé en France)